Wolfgang Paterno · Eva Walisch

Ein Jahrhundert Leben

Wolfgang Paterno · Eva Walisch

EIN JAHRHUNDERT LEBEN

Hundertjährige erzählen

Mit 51 Abbildungen

Amalthea Verlag

Bildnachweis

Wolfgang Paterno (18, 22, 24, 26, 35, 37, 47, 51, 53, 56, 59, 60, 64, 70, 73, 104, 107, 117, 119, 127, 129, 137, 138, 143, 145, 153, 155), Eva Walisch (28, 31, 38, 40/41, 80, 84, 89, 90, 95, 97, 98, 101, 109, 112/113, 120, 123, 130, 133, 146, 151), Philipp Horak (66, 69, 77, 78)

Der Verlag hat alle Rechte abgeklärt. Konnten in einzelnen Fällen die Rechteinhaber der reproduzierten Bilder nicht ausfindig gemacht werden, bitten wir, dem Verlag bestehende Ansprüche zu melden.

Besuchen Sie uns im Internet unter: amalthea.at

Umschlaggestaltung: Elisabeth Pirker/OFFBEAT
Umschlagfotos: © Philipp Horak (Cover: 1. Reihe rechts, 3. Reihe Mitte), © Eva Walisch (Cover: 3. Reihe links, Rückseite: 1. Reihe rechts, 3. Reihe links, Mitte), © Wolfgang Paterno (alle übrigen)
Lektorat: Jana Duran
Herstellung und Satz: VerlagsService Dietmar Schmitz GmbH, Heimstetten
Gesetzt aus der 10,75/15,9 pt Cambria
Designed in Austria, printed in the EU
ISBN 978-3-99050-088-0

Uninteressante Menschen gibt es nicht.
Jewgeni Jewtuschenko

Indem wir anderen unsere Geschichten erzählen,
erzählen wir uns selbst herbei.
Paulus Hochgatterer

Inhalt

Vorwort

»Ein jeder ein Planet«
Wie lebt es sich mit 100 Jahren?

Stefanie Kürner ist sechs Jahre alt, als ihr Vater in den Krieg zieht und in Italien im Giftgas bleibt. Die Oberösterreicherin erinnert sich, wie 1918 die Fotos von Kaiser Franz Joseph von den Wänden entfernt wurden.

Die 1930er-Jahre in Wien: Gertraud Wozelka, eine ehrgeizige junge Frau, lässt sich nicht davon abschrecken, dass die Sitzreihen in den Hörsälen der Universität nahezu ausschließlich von Männern belegt sind. Mit 19 beginnt sie Pharmazie zu studieren, als eine der ersten weiblichen Studentinnen des Fachs. Ihr Vater ist Apotheker, in seine Fußstapfen möchte sie treten.

Zur selben Zeit kann der 22-jährige Franz Wallner von Bildung, Wissenschaft und Forschung nur träumen. Der Bauernsohn schuftet Tag für Tag auf dem Hof in Niederösterreich, für 90 Groschen Lohn.

Es sind Geschichten aus der Welt von gestern, deren Heldinnen und Helden inzwischen in einem hochbetagten Alter sind. Sie waren Zeugen, als 1918 die Erste Republik ausgerufen und Österreich 1945 durch die Alliierten vom Nationalsozialismus befreit wurde. Sie erlebten, wie Droschken durch Autos ersetzt wurden, Kindersterblichkeit und Kinderzahl abnahmen, wie sich Staubsauger, Reißverschluss, Nylonstrümpfe, Haartrockner, Kleinbildkamera, Kreditkarte, Kugelschreiber und Klettverschluss durchzusetzen begannen und Antibiotika und Vitamine entdeckt wurden. Sie waren Schulkinder, als in Wien der Justizpalast brannte, Jugendliche, als Engelbert Dollfuß ein austrofaschistisches Regime begründete, Erwachsene, als der Zweite Weltkrieg ausbrach.

Mit einem Bein stehen sie in der Welt des Analogen, in der ein Telefon und ein Fernsehgerät Luxus waren, mit dem anderen im 21. Jahrhundert. Hundertjährige wissen um Computer, Handy oder Tablet, auch wenn sie sich am Takt der digitalen Welt zumeist nicht mehr beteiligen. Die Sehkraft schwindet, die Displays sind klein, das Wischen und Blättern ist beschwerlich. Das Internet ist ein Buch mit sieben Siegeln. Menschen mit 100 Jahren Lebenserfahrung haben vieles kommen und gehen sehen.

1156 Hundertjährige zählte die Statistik Austria im Jahr 2017 in Österreich. 25 davon kommen auf den folgenden Seiten zu Wort, um über ihr langes Dasein zu sprechen. Es sind Lebensgeschichten über Freundschaft, Freude, Liebe, Humor, Disziplin, Glaube, Trauer, Gewalt, über Scheidewege und Nebensächlichkeiten, über die große Geschichte im kleinen Leben.

Die gebürtige Linzerin Maria Nopp tritt nach ihrem 21. Geburtstag in das Kloster der Ursulinen ein. Drei Monate später flieht sie gemeinsam mit ihren Mitschwestern vor den Nationalsozialisten nach Frankreich.

Wie für so viele ist der Krieg ab 1939 auch für Anna Strecker der tiefste Einschnitt in ihrem Leben. »Ich hatte mein ganzes Leben nie Angst, nur vor den Bomben«, wird sie später sagen.

Am 8. Mai 1945 beginnt eine neue Zeit, auch für Anna Rupar: »Mein Geburtstag ist der 8. Mai. Das Kriegsende 1945 war für mich also ein doppelter Feiertag.«

»Zentenare« nennt man Personen, die sich schon ein ganzes Jahrhundert auf diesem Planeten aufhalten. Die besondere Magie, die ein Alter im dreistelligen Bereich für viele ausstrahlt, können die Hundertjährigen, die nachstehend über Wohl und Wehe des Uraltseins sprechen, nicht teilen. »Was habe ich schon davon? Es ist doch nur eine Zahl«, bekennt der 103-jährige Franz Wallner. Der Geburtstagsblumenstrauß, ab bestimmter Altersklasse von Bürgermeistern gewohnheitsmäßig überreicht, ist die symbolische Bestätigung dafür, dass hohes Alter per se als Besonderheit gilt.

Altwerden hat viele Gesichter. Manche Hundertjährige schmieden Pläne für die Zukunft, andere wünschen sich ein baldiges Ende, die Erlösung von Einsamkeit und körperlichem Weh. Die einen genießen ihren Nachmittagskaffee im Pflegeheim, andere sitzen isoliert in ihren Wohnungen, von Erinnerungsfotos umgeben, auf denen längst alle tot sind.

Vier Fünftel der Hundertjährigen in Österreich sind Frauen. Die deutsche Journalistin Kerstin Schweighöfer schreibt in ihrem Buch *100 Jahre Leben* über die Hochbetagten: »Die meisten von ihnen sind Frauen, was daran liegt, dass wir es mit einer Generation zu tun haben, in der Frauen nicht nur deshalb älter werden konnten, weil sie nicht auf den Schlachtfeldern Europas gefallen sind, sondern auch, weil ihnen männliche Laster wie Rauchen und Trinken noch fremd waren und sie sich auch in dieser Hinsicht noch nicht emanzipiert hatten.«

Besonders gute Chancen, ein dreistelliges Alter zu erreichen, hat man, statistisch gesehen, in Bregenz, ganz im Westen Österreichs; in Wien feiert man am ehesten im 19. Gemeindebezirk hohe Geburtstage.

Georg Graner, in der Zeit des Nationalsozialismus in ein polnisches Arbeitslager deportiert, hält seiner kranken Frau Traude nach 63 Ehejahren noch immer jede Nacht die Hand, bis sie eingeschlafen ist.

Die heute 100-jährige Maria Brunner, deren Kindheit von harter Fron gezeichnet war, steigt im Alter von 80 Jahren im kalifornischen Disneyland zum ersten Mal in eine Achterbahn – und muss, zitternd vor Freude, derart lachen, dass ihre dritten Zähne beinahe in weitem Bogen davonfliegen.

Als 1938 die deutsche Wehrmacht in Wien einfällt, schiebt der junge Soldat Alfred Nagl Wache vor dem Bundeskanzleramt. Mehr als 20 Jahre später wird er Leopold Figl aus nächster Nähe auf dem Balkon des Wiener Belvedere verkünden hören: »Österreich ist frei!«

Weltweit gesehen sollen auf Sardinien, der japanischen Insel Okinawa und in Kalifornien die meisten Hundertjährigen leben. Lange Zeit galt Dominica, eine vom Atlantik umspülte Karibikinsel vor der Küste Venezuelas, als Altenparadies: In

Dominica zählte man, prozentual zur Bevölkerungszahl, noch 2012 die meisten Hundertjährigen. Ma Pampo war mit sagenhaften 128 Jahren die angeblich älteste Frau der Welt. Bei einem Feuer, so die Legende, soll ihre Geburtsurkunde zerstört worden sein.

Nach allgemeingültiger Lesart ist das bloße Erreichen des Greisendaseins eine Leistung an sich. Die Meldungen in Medien und Internet über die »Altersrekordler« überschlagen sich: »Sie war ein Jahrgang mit Ernest Hemingway und Alfred Hitchcock – und sie aß bis zuletzt jeden Tag zwei Eier. Nun ist Emma Morano gestorben. Sie war der letzte noch lebende Mensch, der im 19. Jahrhundert geboren wurde«, notierte das Hamburger Nachrichtenmagazin *Der Spiegel* Mitte April 2017. »Bisher galt die Französin Jeanne Calment als älteste je lebende Person der Welt«, protokollierte die Illustrierte *stern* Ende 2016: »1875 geboren, hatte sie bis zu ihrem Tod 1997 ganze 122 Geburtstage gefeiert. Jetzt wurde von indonesischen Medien auf der Insel Java ein Mann aufgetrieben, der laut Behördenangaben noch einmal fünf Jahre vor Calment geboren wurde – und 19 Jahre nach ihrem Tod immer noch lebt.«

Der israelische Historiker Yuval Noah Harari schreibt in seinem Buch *Homo Deus*: »Im 21. Jahrhundert werden die Menschen wahrscheinlich einen ernsthaften Wurf in Richtung Unsterblichkeit machen.« An der Überwindung des Todes werde zwar geforscht, 115 Jahre scheinen gegenwärtig jedoch ein Limit zu sein, meldete die Tageszeitung *Der Standard*. Das Online-Lexikon *Wikipedia* hält fest, dass die Japanerin Miyako Chiyo »seit dem 21. April 2018 der älteste lebende Mensch« sei: »Laut einem Interview, das sie im

Oktober 2015 mit 114 Jahren einem japanischen Anti-Aging-Magazin gab, sei ihr Geheimnis für Langlebigkeit, Aal zu essen, Wein zu trinken und nie zu rauchen.« Die größte Rolle für ein langes Leben spielen also schlangenähnliche Tiere, dosierter Alkoholkonsum und Nikotinabstinenz? Von Methusalem, dem ältesten Menschen der Bibel, der im Alter von beispiellosen 969 Jahren starb, sind dazu keine Hinweise überliefert.

Die Hundertjährigen, die hier zu Wort kommen, haben keine Ratschläge für das Erreichen vieler Lebensjahrzehnte parat, weil sie wissen, dass es kein allgemein gültiges Rezept dafür gibt, weder für ein geglücktes, noch für ein langes Leben.

Was kann man von Hundertjährigen dann lernen? Vielleicht dies: Wer das Leben mit offenen Armen empfängt, hat mehr davon. Freundschaft, Freiheit, Liebe und Lebensmut sind wichtig. Ein Schlüssel zum Glück liegt in der Balance zwischen Arbeit und Entspannung, Familie und Freunden, Alleinsein, Träumen, Lesen und Nachdenken. Wer noch Jahrzehnte später mit Ungerechtigkeiten und verpassten Chancen hadert, hat es schwer, sich von der Vergangenheit zu lösen.

Ein Leben mit 100 Jahren: Wie fühlt sich das an? Wie sieht ein normaler Tagesablauf aus? Spielt der Tod eine Rolle im täglichen Leben?

Als Gesprächspartner der Zentenare ist man darauf angewiesen, ihre Erinnerungen für bare Münze zu nehmen. Ein Mensch von 100 Jahren ist meist ein fragiles, durchscheinendes Wesen, nicht selten schwer zu Fuß, oft auf die Hilfe anderer angewiesen. Das Sehen lässt nach, das Hören fällt schwer, die Mobilität kommt langsam an ein Ende. Ihr Erinnern und Erzählen braucht Zeit und erfordert geduldiges Zuhören. Mit 100 Jahren purzeln einem Jahreszahlen, Orte und Namen manchmal durcheinander. Im Zweifelsfall für die Zentenare: Fakten und Tatsachen, die aufgrund ihrer langen Vergangenheit nicht überprüfbar waren, bleiben ausgespart, ebenso jene Zusammenhänge, bei denen offensichtlich Erinnerungslücken mit Erfundenem ausgetauscht wurden. Den ganz persönlichen Lebenserinnerungen der Hundertjährigen darf man andererseits gern und ohne Vorbehalt folgen. Über die Zeit des Nationalsozialismus reden, wie viele der noch lebenden Zeitzeugen, auch Hundertjährige nicht gern.

Der Ausgangspunkt für *Ein Jahrhundert Leben* war ein Artikel im Wiener Nachrichtenmagazin *profil*, aus dem hier zehn Gespräche vom Sommer 2017 erneut publiziert werden. Die Hundertjährigen sind Zeugen. Man sollte nicht versäumen, sie gründlich auszufragen. Ihr Witz und Wissen, ihre Geschichte und Geschichten dürfen nicht verloren gehen.

Das heimliche Motto dieser Lebenserzählungen könnte von dem 2017 verstorbenen russischen Poeten Jewgeni Jewtuschenko stammen: »Uninteressante Menschen gibt es nicht«, überschrieb der Schriftsteller eines seiner Gedichte:

> Jeder hat seine Geschichte, sein Gesicht,
> das nur ihm gehört. Ein jeder ein Planet:
> So reich, und keiner, der ihm gleicht. (…)

Am Lebensende stürben nicht Menschen: Welten hörten auf.

Hilda Gamper

*1914, Lustenau, Vorarlberg

Meine Schwester Ella schickte mir aus Amerika oft die modernsten Dinge nach Lustenau. Einmal bekam ich von ihr falsche Wimpern. Ich klebte sie mir im Fasching verkehrt herum an. Alle lachten!

Auf den Fotos an der Wand sind meine Toten. Meine Mama und mein Papa. Da ist Hans, mein Bruder, der im Krieg fiel. Meine Schwester Ella. Sie flüchtete bereits vor Ausbruch des Zweiten Weltkrieges nach Kalifornien. Eine ganze Woche war sie auf einem Ozeandampfer unterwegs. Eineinhalb Tage bewegte sie sich wetterbedingt mehr nach hinten als nach vorn. Ella sagte später, sie hätte am liebsten auf offener See sterben wollen, so miserabel wäre es ihr gegangen. Sechs lange Jahre erhielten wir keine Post von ihr. Sechs Jahre lang wussten wir nicht, ob sie noch am Leben ist. Meine Schwestern Anna und Emmi wohnten gemeinsam in Innsbruck. Auch Anna und Emmi – tot. Ich bin die Letzte.

Früher war es nicht einfach mit fünf Kindern. Immer war wenig zum Essen da. Hunger zu leiden ist eine Qual, die nicht enden will. Nie werde ich vergessen, wie der Vater zur Mutter sagte, als sie ihn aufforderte, nochmals Suppe zu schöpfen: »Zuerst die Kinder!«

Geboren wurde ich in Schaan, einer kleinen Gemeinde in Liechtenstein, weil unser Vater Grenzbeamter war. Wir zogen nach Lustenau, wo ich seit einer gefühlten Ewigkeit lebe. 75 Jahre wohne ich in derselben Straße. Ich wollte nie woanders sein, hier ist meine Welt. Unsere Kindheit war im Großen und Ganzen schön, unbekümmert. Einen Kindergarten kannten wir nicht. Von unseren vielen Tanten und Onkeln wurden wir miterzogen.

An den 1914er-Krieg kann ich mich nicht erinnern. Im zweiten großen Krieg war ich drei Jahre lang Hausmädchen bei einem Arzt in Dornbirn. Der Doktor war ein Nazi und kinderlos. Ich musste seine Hunde mit einem Silberlöffel füttern. Einer war ein ganz besonders böses Tier. Er schnappte nach mir. Die Hunde wurden satt, die Menschen hungerten. Der Doktor las jeden Tag seine Zeitung, er ging gern wandern oder spielte Karten. Ein Hobby braucht der Mensch. Kurz vor Kriegsende trieb man ihn aus der Stadt, weil er, so nennt man das in Lustenau, »ein Hitler« war, ein Nationalsozialist.

Noch während des Kriegs prüfte ich in einer Fabrik Gasmasken auf ihre Dichtheit. In einem Kartonagenwerk mussten wir nach 1945 kleine Geschenke für die französischen Soldaten basteln, Berge von Papierbeutelchen an Weihnachten. Ein Soldat schnitt uns die Haare. Wie Schafe sahen wir danach aus.

Ich begann in einer Stickerei zu arbeiten. Ich wurde rasch zur Chefin vom Musterzimmer befördert und war verantwortlich für die Musterbücher, die wir an unsere Kunden verschickten. Darin waren durchnummerierte Stoffbeispiele eingeklebt, die wir mit unseren Stickmaschinen anfertigen konnten. Manchmal gab ich den Mustern Fantasienamen. Ich arbeitete in dieser Stickerei bis zu meiner Pension.

Meine Schwester Ella besuchte ich öfters in Kalifornien. Ich habe gern fotografiert. Meine Erinnerungen sind auf Fotos gebannt. San Francisco gefiel mir. Jeden Tag Sonnenschein. Die Golden Gate Bridge. Die Welt in warmen Farben. Amerika war fantastisch, dort leben wollte ich nicht. Man kam als Fußgänger vor lauter Verkehr kaum über die Straßen, es waren selten Radfahrer unterwegs, alle bewegten sich im Auto fort. In den großen Städten wimmelte es von Menschen. Ella schickte mir aus Amerika oft die modernsten Dinge nach Lustenau. Einmal bekam ich von ihr falsche Wimpern. Ich klebte sie im Fasching verkehrt herum an und konnte die Augen nicht mehr richtig schließen. Alle lachten! Ella starb 2005. Ihr Mann David hatte schon viel früher einen Autounfall. Er war sofort tot. Mit 36 Jahren.

Wie man 100 wird? Ich weiß es nicht. Manchmal denke ich: »100? Wie schrecklich!« Ich hätte nie gedacht, dass ich ein langes Leben haben werde. Zu meinem 100. Geburtstag im August 2014 bekam ich Post vom damaligen Bundespräsidenten Heinz Fischer und persönliche Widmungen von den Schlagerstars Florian Silbereisen und Helene Fischer. »Für Hilda zum 100. Geburtstag«, schrieb Helene Fischer in Handschrift auf die Karte. Meine liebe Anneliese, seit vielen Jahren meine Ersatzenkelin, hatte das für mich arrangiert.

Ich bin die älteste noch lebende Lustenauerin. Jedes Jahr nehme ich an den Jahrgangsfeiern teil. Für jedes Geburtsjahr

sind im Festsaal Sitzreihen reserviert. Ich bin allein auf weiter Flur.

Ich war nie verheiratet, habe keine Kinder. Ich liebte die Kinder aus der Nachbarschaft. Bei mir genossen sie Narrenfreiheit. Ich bin ledig und wäre also noch zu haben! An Männern fehlte es mir ja nie! Wir trafen uns, vor den neugierigen Blicken der Dorfbewohner geschützt, im Rheinvorland in einem Park auf einer Holzbank, im Schatten der Bäume. Unsere Mutter war in dieser Beziehung streng. Ihr passte keiner meiner Männer.

Ich liebte das Tanzen. Als junge Frauen wählten wir uns die Buben auf den Festen in der Turnhalle zum Tanzen aus. Wir stöckelten die steile Treppe zu einem Lokal in der Schweiz hoch. Oft plumpsten wir auf unsere Hintern.

Auf meine Erscheinung legte ich immer Wert. Ungepflegt ging ich nie aus dem Haus. Einmal stürzte ich im Bad. Ich lag eine Nacht lang reglos auf dem Fliesenboden, unfähig, aufzustehen. Am nächsten Morgen wurde ich gefunden. Man rief die Rettung. Bevor die Sanitäter das Badezimmer betreten durften, musste ich mich im Sitzen frisieren und mir die Augenbrauen nachziehen.

Natürlich fürchte ich mich davor, dass mein Leben tatsächlich zu Ende geht. Angst kriecht hoch, sie verfliegt aber rasch wieder. Es werden mir bis zum Sterben nicht mehr so viele Jahre wie bisher geschenkt, dessen bin ich mir sicher. Alles ist eine Frage der Zeit.

Ich kam mit den Menschen gut zurecht. Offenheit, Toleranz und wechselseitiges Interesse ermöglichten mir ein erfülltes Leben. Was zählen schon Haar- und Hautfarbe? Weniger als nichts. Kein Streit und keine Schwierigkeit, die ich mit anderen auszufechten hatte, wollen mir einfallen! Jeder möge sein Leben nach seiner Façon leben. Ich lebte meins.

Wichtig war, mir selbst und anderen gegenüber aufmerksam und anständig zu sein. Ich bestimmte darüber, wie und was mein Leben sein soll, ließ jeden in Ruhe, der auch mir meine Freiheit gönnte. Vielleicht fällt das Sterben so leichter. Vor dem Tod selbst habe ich keine Angst, allenfalls ein bisschen Lampenfieber.

Hannes Schiel

*1914, Wien

Der berühmte Ernst Waldbrunn gab mir in seinem Theater eine kleine Rolle in Der Hexer *von Edgar Wallace. Ich hatte noch ein gutes Gedächtnis und konnte in 24 Stunden jede Rolle lernen.*

Als Kind schon wollte ich Schauspieler werden. Mein Vater war deshalb böse mit mir. Er war Berufsoffizier und meldete sich 1914 freiwillig an die Front. Er kam in russische Gefangenschaft, vier Jahre galt er als vermisst. Wegen seines Manikürtäschchens hatte er den Russen vormachen können, er sei Arzt. Deshalb kam er frei. Als Arzt war er bei den Russen ein großer Herr. Eines Tages stand er in der Tür, in Armeemantel, mit Pelzkappe und Bart. Eine meiner Cousinen empfing ihn weinend, weil ihr Mann in den letzten Kriegstagen eingerückt war und auf dem Schlachtfeld verloren ging.

Mein Vater starb früh. Erst nach seinem Tod konnte ich mich ganz der Schauspielerei widmen. Er war mir gegenüber oft rüde, erst mein späterer Vormund akzeptierte mich als Mensch. Im Wiener Volkstheater machte ich meine Büh-

nenprüfung. Im Parkett saßen Otto Preminger und der Schauspieler Hans Thimig. Preminger wurde später Hollywood-Regisseur.

Mein erstes Engagement hatte ich in Innsbruck. Ich erinnere mich, wie in Grillparzers *Libussa* ein echtes Pferd auf die Bühne kam. Ich ging durch den Bühnenwald mit dem Pferd am Zügel. Die Hufe klapperten wie wild. Später zogen wir dem Ross Filzpatschen an. Der Auftritt sorgte im Publikum für Gelächter. Bald wurde das Pferd aus der Besetzungsliste gestrichen.

Weihnachten 1939, nach Kriegsbeginn, kam ich an die Front. Bis zu minus 42 Grad Celsius. Ein Vorgesetzter fragte, wer Maschinenschreiben könne. Ich zeigte auf, obwohl ich keinerlei Erfahrung hatte, und wurde Schreibhengst. Den ganzen Krieg über hielt ich mich an irgendeinem Schreibtisch fest. Ich war nie ein Held, ich mogelte mich durch. Ich bin strikter Antimilitarist, schon wegen meines Vaters.

Gegen Kriegsende bekam ich Diphtherie. In dem russischen Lager, in dem ich inhaftiert war, brach eine Epidemie aus. Die Russen entließen viele Gefangene. Am 10. Dezember 1945 erreichte ich den Wiener Stadtrand. Alle weinten, als ich halbwegs heil nach Hause kam.

Ich fand schnell Arbeit als Schauspieler. Der berühmte Ernst Waldbrunn gab mir in seinem Theater eine kleine Rolle in *Der Hexer* von Edgar Wallace. Darauf kam ich ans Wiener Renaissancetheater. Ich hatte noch ein gutes Gedächtnis und konnte in 24 Stunden jede Rolle lernen. So wurde ich zu einem gefragten Einspringer. Von 1959 bis 1978 war ich am Wiener Burgtheater engagiert. Ich spielte gemeinsam mit Inge Konradi in Zuckmayers *Katharina Knie*, der *Wilhelm Tell* war meine Lieblingsrolle.

Meine letzte Rolle ist der älteste noch lebende Burgschauspieler. Meine Frau war mir das Wichtigste im Leben. Wir waren über 60 Jahre glücklich verheiratet. Vor ein paar Wochen ist sie gestorben. Ich kann nicht aufhören, an ihren Tod zu denken. Mein Tod ist mir gleichgültig.

Barbara Zechner

*1916, Vasoldsberg, Steiermark

Viele lachen über mich, weil ich manchmal die Toten sehe. Sie kommen zur Tür herein und lächeln mich an. Meine Enkel besuchen mich oft. Sie können nicht nachempfinden, wovon ich rede, wenn ich von meinen Toten spreche.

Ein Leben ohne Arbeit ist leer. Die Ruhe im Alter empfinde ich nicht als Belohnung. Statt hier zur Untätigkeit verdammt zu sitzen, würde ich viel lieber einer Arbeit nachgehen.

Ich war mein Leben lang in einem Schloss bei sehr feinen Herrschaften beschäftigt. Was war das für eine Schinderei! Um vier Uhr früh die Schweine füttern, dann Butter und Topfen rühren! Die Herrschaft im Palais war Eigentümerin einer Kanzlei, die immer herausgeputzt zu sein hatte. War die eine Arbeit getan, fiel schon die nächste an. Zeit zum Ausruhen war selten.

Jeden Tag ging ich mittags auf eine halbe Stunde nach Hause und brühte mir einen Kaffee. Kaum nippte ich an der Tasse, musste ich auch schon wieder zurück auf das Schloss! Ich war oft in Eile.

Meine Nachbarin arbeitete nicht, sie saß am liebsten vor dem Haus in der Sonne. »So blöd wie du bin ich nicht, dass ich mich bei dieser Hitze abschufte«, rief sie mir im Vorbeigehen zu. »Ich brauche das«, gab ich ihr zur Antwort. Ganz umsonst war das viele Arbeiten vielleicht nicht: Ich darf bis heute auf der Welt sein, die Nachbarin ist schon lange gestorben. Es passiert manchmal, dass ich an sie denke, wenn Sonne ins Zimmer fällt. Bequem machte ich es mir nie.

Ich wurde in Vasoldsberg in der Steiermark geboren, mitten in den Ersten Weltkrieg hinein. Zwei große Kriege habe ich überlebt. Es fällt mir nicht leicht, mich an meine Kindheit zu erinnern. Die Zeit schluckt vieles.

Wir waren sechs Geschwister. »Gebt lieber der Sau etwas zu essen als euren Kindern. Da habt ihr wenigstens etwas davon!« So redeten die Leute im Dorf hinter vorgehaltener Hand. Wir Kinder gingen mit unseren Körben oft hinaus, um Äpfel zu klauben. Damit wir überhaupt etwas zu essen hatten. Weihnachten empfand ich nicht als eine besondere Zeit. Die Erwachsenen sangen oder spielten Karten. Wir Kinder wurden zum Spielen auf den Hof geschickt. Man verfuhr mit uns streng. In befehlsmäßigem Ton. Das Wort der Alten war Gesetz.

Ich ging gern in die Schule. Meine Mutter sprach aber oft ein Machtwort, wonach ich mich richten musste: »Du bleibst zu Hause und passt auf deine Geschwister auf!« Ich lief dann einfach in die Schule. So schnell ich konnte! Mit 15 musste ich als Magd in den Schlossdienst.

Eines Tages bekamen wir im Herrenhaus Besuch von einem jungen Tischler. Er stammte aus St. Marein bei Graz und suchte einen Lehrplatz. Ich wies ihn ab und sagte ihm,

Barbara Zechner
*1916, Vasoldsberg, Steiermark

man habe keine Verwendung für ihn, er müsse nicht wiederkommen. Er kam wieder. Das Ende der Geschichte? 50 Jahre lang waren wir verheiratet.

Wir mussten immer sparen, an Urlaub war nicht zu denken. Träumen durfte man immerhin. 1939 musste mein Mann einrücken. Zehn Jahre war er fort, Kriegsgefangenschaft in Russland. Lange wusste ich nicht, wo und ob er überhaupt noch am Leben ist. Bis eine Postkarte im Briefkasten lag. Viele Sätze darauf waren geschwärzt. Das Werk der Zensur. Aber ich hatte endlich die Gewissheit, dass er noch lebte!

Unser Sohn war gerade vier Jahre alt geworden. Ich war heilfroh über die Nachricht. Erst nach sechs Jahren die zweite Karte. Die Russen teilten mir mit, dass ich meinem Mann ein Postpaket schicken dürfe. Oh, wie war ich aufgeregt! Die Nachbarin schenkte mir Würste und Speck. Ich durchsuchte das ganze Haus nach Habseligkeiten, die ich ihm schicken konnte. Das Paket wurde meinem Mann dann tatsächlich zugestellt, die Sachen zum Essen waren von den Russen zuvor herausgenommen worden.

Es waren harte Zeiten. Ich war mit meinem Sohn auf mich allein gestellt. Nach Ende des Krieges zogen Russen durch unsere Ortschaft. Sie kamen in unser Haus. Und wie sie herumschrien! Ein Mann mit feistem Gesicht hatte das lauteste Organ. Ich fragte ihn: »Warum schreist denn so? Ich habe dir nichts getan.« Da blieb er stehen. Er sah mich an und fragte: »Hast du keine Angst vor mir?« Ich schüttelte den Kopf. »Ich brauche keine Angst zu haben. Wenn du mich mit deinem Gewehr erschlagen willst, dann sei es eben so.« Da lachte der Russe.

Mir passierte nichts. Die anderen Frauen mussten viel einstecken. Ein Nachbar übernachtete bei mir und meinem Sohn, damit uns nichts geschah. Ich musste für die Russen kochen. Eier, Erdäpfel, Fleisch. Einmal bestellten sie meinen Sohn zu sich. Ich erschrak fürchterlich. »Jetzt nehmen sie ihn mit!«, dachte ich voller Panik. Sie befahlen ihm aber nur, er solle von dem Gekochten kosten. Die Russen glaubten tatsächlich, ich könnte ihr Essen vergiftet haben! Mein Sohn schlug sich den Bauch voll. So eine Mahlzeit gab es nicht alle Tage!

Mein Mann kam spät aus der Gefangenschaft heim. Bei den Entlassungen gingen die Russen nach dem Alphabet vor. Das Z im Namen Zechner war für sie kein Buchstabe. Z verstanden sie nicht. Deshalb kam mein Mann als einer der letzten Inhaftierten frei. Ich saß vor dem Gasthaus, als mir ein Postbote den Brief überreichte: Mit dem nächsten Transport würde mein Mann nach Hause kommen. Ein paar Tage später kletterte er als Letzter aus dem Transportwagen, der im Dorf vorfuhr. Unsere Nachbarn hatten sich versammelt, alle waren neugierig. In der Menge konnte ich ihn gar nicht sehen, so umringt war er von Menschen. Das Wiedersehen nach so langer Zeit. Unbeschreiblich.

All die Jahre diese Angst, die schreckliche Ungewissheit. Der Krieg konnte uns dennoch nicht auseinanderbringen. Wir wurden miteinander alt. Und die meiste Zeit davon waren wir glücklich. Wir feierten Goldene Hochzeit. Mein Mann starb kurz darauf.

Ich werde nie aufhören können, an ihn zu denken. Er war Musiker, spielte Trommel und die Steirische Harmonika. Mit Freunden gründete er eine Musikgruppe. In seiner Pension saß er gern vor unserem Haus, nahe der Werkstatt. Die Menschen im Dorf, die vorbeigingen, setzten sich oft zu ihm. Und immer hatte er seine Arbeitsschürze umgebunden, außer, wenn er zum Einkaufen fuhr. In der Ehe ist es wichtig, sich gegenseitig zu respektieren. Mein Mann und ich diskutierten viel. Zum Streiten kamen wir nie.

Viele lachen über mich, weil ich manchmal Tote sehe. Sie kommen zur Tür herein, lächeln mich an. Meine Enkel besuchen mich oft. Sie können nicht nachempfinden, wovon ich rede, wenn ich von meinen Toten spreche. Einmal liefen zwei lang verstorbene Nachbarskinder mit einem Korb ins Zimmer. Der Korb war randvoll mit schönen, großen Äpfeln. »Wo habt's denn die her?«, fragte ich die Kleinen. Weg waren sie, ohne Antwort. Ich weiß nicht: Ist das Fantasie? Einbildung? Mein Mann besucht mich nie. Ihn treffe ich im Himmel wieder.

Gertraud Wozelka

*1916, Wien

Im Zweiten Weltkrieg mixte ich Himbeersaft mit 70-prozentigem Alkohol, bevor wir in den Bombenbunker flüchteten. Mein Vater schimpfte mit mir, ich würde mir noch meine Leber ruinieren.

Bereits mein Vater war Apotheker. Ich studierte auch Pharmazie und arbeitete einige Jahre in der Schweiz in verschiedenen Apotheken. Meine Heimat war aber immer Wien, auch wenn das Wiener Herz aus Blech ist. In der Stadt erlebte ich beide Weltkriege. Ich erinnere mich dunkel, wie ich mit meiner Mutter 1918 einmal über Felder ging und Schüsse fielen. Sie sagte: »Da drüben, in Ungarn, da schießen sie. Dort ist Revolution.« Im Zweiten Weltkrieg mixte ich Himbeersaft mit 70-prozentigem Alkohol, bevor wir in den Bombenbunker flüchteten. Mein Vater schimpfte mit mir. Er sagte, ich würde mir meine Leber ruinieren. Ich wollte etwas Gutes trinken, ehe die Hölle über uns zusammenbrach.

Wir meisterten halbwegs unser Leben. Man soll nicht schimpfen, besser demütig sein. Geht eine Tür zu, geht ein Fenster auf. Vor vielen Jahrzehnten las mir eine Wahrsagerin

aus der Hand. Nach dem Krieg machte man das häufig, es wusste ja niemand, wie es weitergehen würde. Sie sagte zu mir: »Sie werden uralt.«

Sie lag damit offenbar richtig. Ich verlasse mich auf die Astrologie. Wahrsagerinnen prophezeiten mir oft die Zukunft: Einmal besprachen wir eine Schriftprobe meines zweiten Mannes. »Der Herr ist recht gebildet, ich sehe aber auch Selbstmordaspekte«, sagte die Weissagerin. Ein paar Jahre später erschoss er sich. Ich bin der festen Überzeugung, dass einem im Leben nicht mehr zugemutet wird, als man zu ertragen bereit ist. Ich konnte mich mit seinem Suizid jedenfalls abfinden.

Die Lehre des Buddhismus besagt: Ein bestimmtes Maß an Ungemach ist in jedem Leben festgesetzt. Wenn man es in diesem Leben nicht durchsteht, dann vielleicht im nächsten. Mein Mann erwachte in der Nacht häufig schreiend. Er hatte schreckliche Träume, in denen er als römischer Befehlshaber Menschen umbringen musste. Vielleicht hatte er einiges aus seiner vorhergehenden Existenz nicht aufgearbeitet. Ich bin jedenfalls davon überzeugt, dass ich mit mir im Reinen bin. Nach meinem Tod werde ich im All verschwinden. Vor dem Sterben fürchte ich mich nicht. Es gehört zum Leben.

Maria Brunner

*1917, Bad Vöslau, Niederösterreich

Disneyland war ein Traum. Wir fuhren mit der Achterbahn. Rauf und runter, immer schneller. Bei einer Fahrt flogen meine dritten Zähne fast in weitem Bogen davon, so sehr musste ich lachen.

In meinem Leben war viel Arbeit. Jeden Tag aufstehen, schuften. Kein Mittagsschlaf, nicht einmal kurze Ruhepausen. Den Jungen sage ich: »Seid nicht so dumm, arbeitet nicht zu viel. Am Ende ist es der Mühe nicht wert.« Ich weiß, wovon ich spreche. Bei der Weinlese ruinierte ich beinahe meine Gesundheit: Fast wären meine Beine gelähmt gewesen. Keinen weiteren Schritt hätte ich tun können!

Nach dem Krieg suchte ich dringend Arbeit. Ich war in einer Landwirtschaft aufgewachsen und wusste, wie man Reben schneidet und veredelt. Ein Weinbauer stellte mich ein. Eines Tages überfielen mich während der Arbeit zwischen den Weinreben höllische Schmerzen. Ich konnte keinen Finger mehr rühren, mich keinen Millimeter fortbewegen. Im Spital stellten die Ärzte Brüche zweier Rückenwirbel fest. Durch eine Operation ließ sich das nicht beheben.

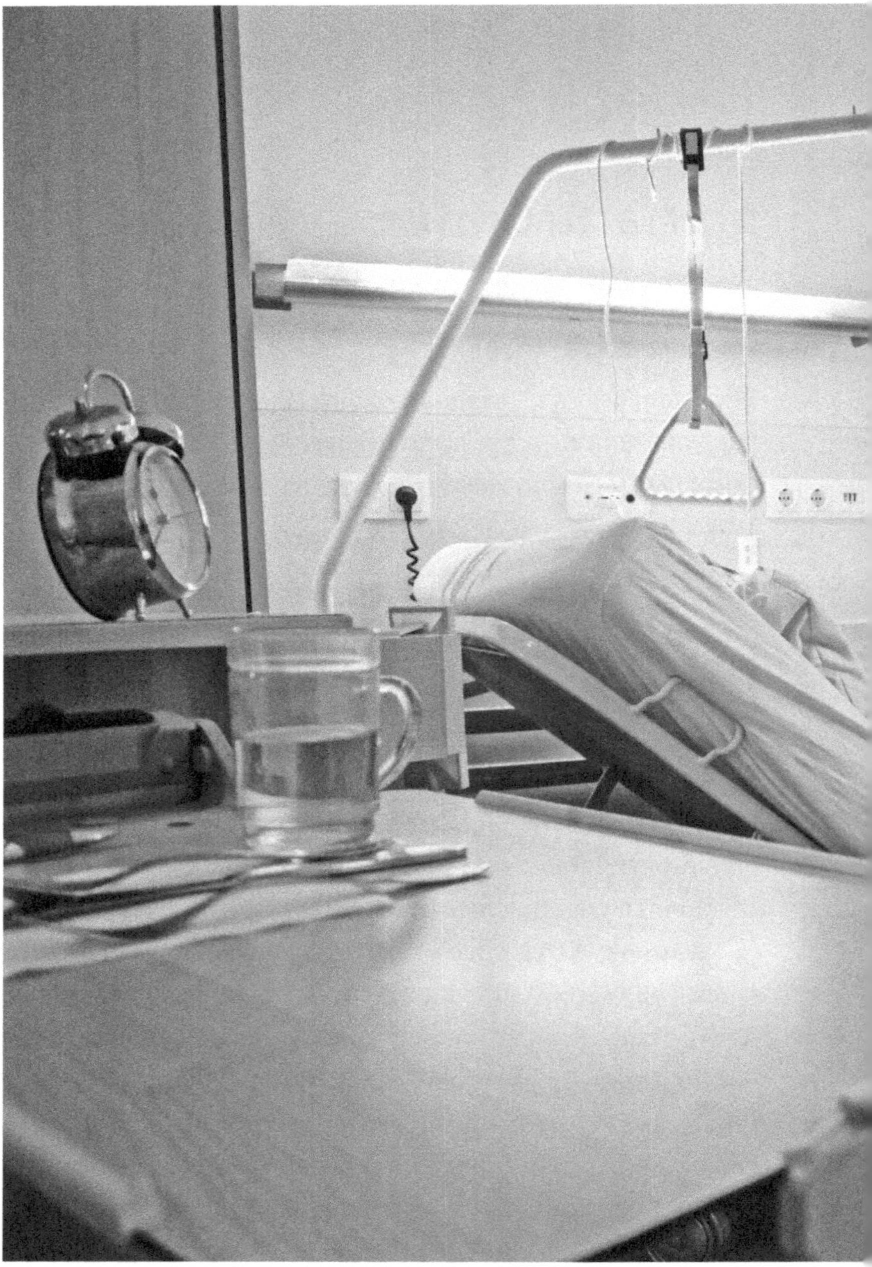

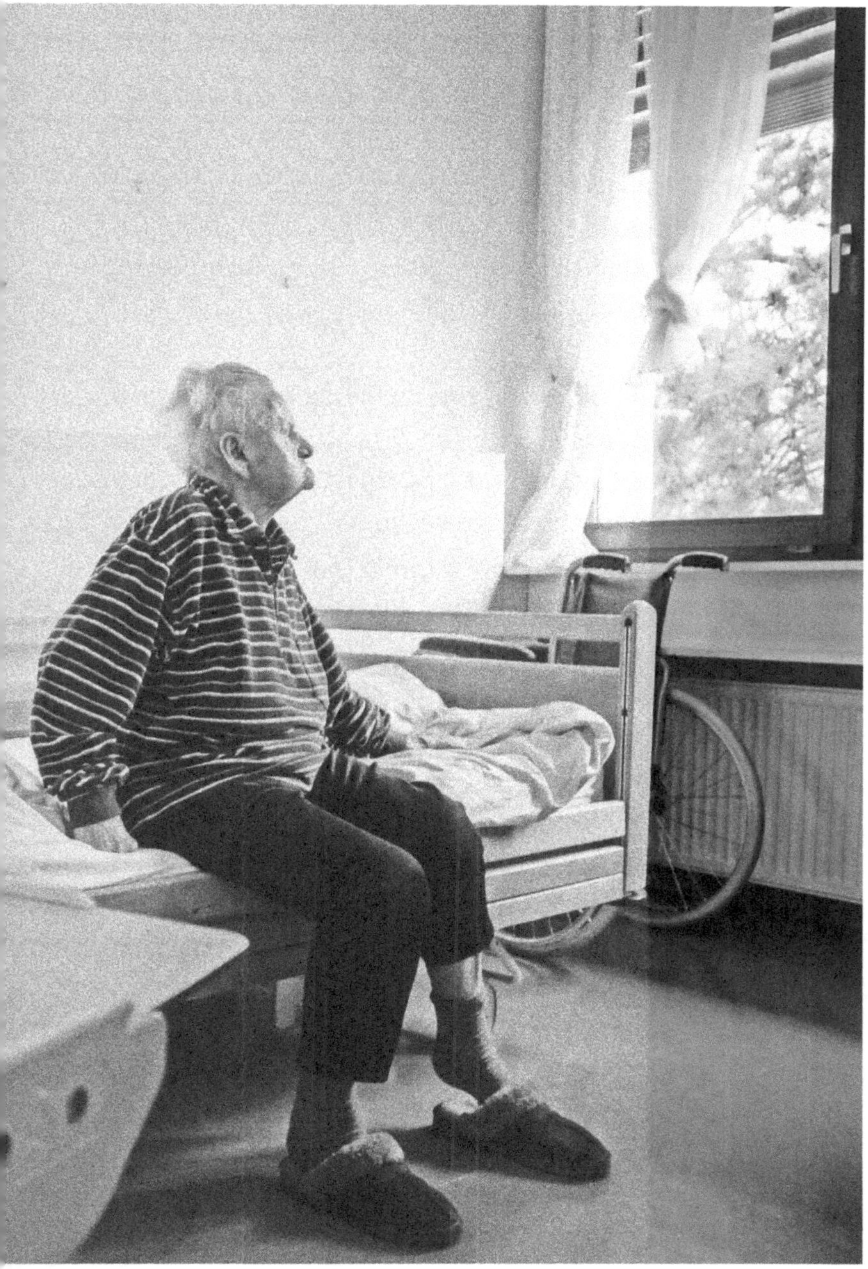

Lange Zeit herrschte Ungewissheit, ob ich je wieder gehen würde können.

Das Orthopädische Spital war in den 40er- und 50er-Jahren in der Wiener Hofburg untergebracht. Kinder durften nicht ins Krankenhaus hinein. Mein Sohn stand draußen auf der Straße und sah mit todtraurigen Augen nach oben. Ich stand am Krankenhausfenster, gestützt von meinem Mann, und musste weinen. Ich winkte hinunter, es war herzergreifend.

Ich blieb eine gefühlte Ewigkeit im Spital. In Amerika sei eine neue Operationsmethode für Brüche dieser Art entdeckt worden, hieß es eines Tages. Die Chancen standen schlecht: 30 zu 70 für eine erfolgreiche OP. 70 zu 30 für ein Leben im Rollstuhl. Ich wusste, dass ich es versuchen musste. Ich hatte Glück. Alles ging gut. Ich bekam in Wien zwei Kugeln aus Stahl zwischen die Nervenbahnen. Nach der Operation musste ich zehn Jahre lang zu Kontrolluntersuchungen. Bei einer bekam ich mitgeteilt, dass viele dieser Eingriffe tödlich verlaufen seien. Mehrere Menschen starben durch die neue Methode.

Viel später reiste ich selbst nach Amerika. Eine meiner Schwestern war vor Jahrzehnten in die USA ausgewandert. Sie wünschte sich seit einer Ewigkeit, dass ich sie besuchen möge! Und dann brachen wir wirklich über den Atlantik nach Amerika auf, mein Sohn und ich. Gerade hatte ich meinen 80. Geburtstag gefeiert. Es war erst das zweite Mal, dass ich mit meinen Füßen ein Flugzeug betrat. Drei Wochen wohnten wir bei meiner Schwester. In Amerika war es nicht viel anders als bei uns, viele Häuser und Straßen. Ich lernte einige Amerikaner kennen, obwohl ich kein Wort Englisch spreche. Zur Not kann man sich mit Händen und Füßen verständigen. Das ist manchmal lustiger, als sich mit Worten zu unterhalten.

Disneyland war ein Traum. Wir fuhren mit der Achterbahn. Rauf und runter, immer schneller. Bei einer Fahrt flogen meine dritten Zähne fast davon, so sehr musste ich lachen.

Ich wurde in Tschechien geboren. Meine Mutter war Tschechin, mein Vater Österreicher. Sie besaßen eine Pferdewirtschaft. Von früh bis spät fiel Arbeit an. Drei Jahre lebte ich auf unserer kleinen Farm. Bis mein Vater verunglückte. Tschechisch lernte ich leider nie. Ich löcherte meine Mutter oft mit der Frage, weshalb sie es mir nicht beigebracht hatte. Ich bekam von ihr nie eine Antwort darauf.

In Österreich war es schwierig. Alles war ganz anders. Der Ehemann und Vater tot, die ungewohnte Umgebung, fremde Menschen. Wir wohnten bei meinem Onkel. Ich war eine gute Schülerin. Mein liebstes Fach war Rechnen. Bis heute weiß ich den Namen meiner ersten Lehrerin. Manche Dinge bleiben hängen. Vieles verflüchtigt sich, kehrt nicht zurück.

In der Wiener Innenstadt fand ich als Bedienerin Arbeit, als Dienstmädchen der Familie eines Oberbaurats. Das konnten sich nur reiche Leute leisten. Mit 24 lernte ich meinen zukünftigen Ehemann in einer Gesellschaft kennen. Es war Zufall, ich ging nicht oft aus. Er war soeben mit Tuberkulose aus russischer Gefangenschaft nach Wien zurückgekehrt. Im Krieg war er Grabfahrer und Scharfschütze gewesen. Grabfahrer und Scharfschütze in Personalunion! Später sprach er nie über diese Zeit. Die aus dem Krieg mitgeschleppte Krankheit forderte ihren Tribut: Einer seiner Füße blieb zeitlebens steif und zehn Zentimeter kürzer als der andere. Er tröstete sich damit, dass er seine beiden Füße behalten hatte können. Vielen seiner ehemaligen Kameraden war es nicht so gut ergangen.

Gemeinsam zogen mein Mann und ich nach Baden. Er fand nur schwer Arbeit. Ich musste uns über Wasser halten. Er war bereits zweimal verheiratet gewesen. Beide Frauen starben kurz nach der Hochzeit an tückischen Krankheiten. In unsere Ehe brachte er eine Tochter aus einer früheren Beziehung mit, gemeinsamen mit unserem Sohn waren wir zu viert. Es lag an mir, die hungrigen Mäuler zu stopfen. Zu unserem Glück konnte mein Mann bald bei einem Tischler arbeiten.

Mein Mann wollte immer ein Motorrad haben. »Einmal nur auf einem Motorrad fahren!«, sagte er oft. 1953 kaufte er sich eine Maschine, eine rote Gillet mit Beiwagen und besonderer Bremsvorrichtung, wegen seines schlechten Fußes. Wir fuhren damit oft ins damalige Jugoslawien auf Urlaub, was immer eine Freude war. Mein Mann lenkte die Maschine sicher an ihr Ziel, unser Sohn und ich machten es uns im Beiwagen bequem. Manchmal fuhren wir zwei Nächte durch. Später kauften wir ein Auto.

Wir waren 50 Jahre verheiratet. In einer Ehe ist Verständnis wichtig. Krisen sollte man ausreden. Auch wir machten schlimme Zeiten durch. Auf die Idee, deswegen unsere Beziehung aufzulösen, kamen wir nie. Wir standen immer füreinander ein. In guten wie in schlechten Tagen. Natürlich darf man nicht jedes Wort auf die Waagschale legen.

1981 starb mein Mann nach dem dritten Herzinfarkt. Er erwachte eines Morgens einfach nicht mehr.

Nach seinem Tod passierte mir ein kleines Wunder: Ich verliebte mich ein zweites Mal. Auf der Hochzeit meines Sohnes lernte ich auch den Vater der Braut kennen, den Schwiegervater meines Sohnes. Drei Jahre später waren wir ein Paar, eine richtig große, bunte Familie unter einem Dach! Mein zweiter Mann starb an Lungenkrebs. Wir verbrachten famose Zeiten miteinander. Man spricht vom Herbst des Lebens. Meiner war wunderschön.

Maria Brunner
*1917, Bad Vöslau, Niederösterreich

Alfred Nagl

*1915, Weiden am See, Burgenland

Mit 58 unternahm ich meinen ersten Fallschirmsprung. Ohne jede Ausbildung und Vorbereitung hob mich ein Fesselballon himmelwärts. Tiefes Atemholen, dann der Sprung ins Bodenlose.

Ich führte ein randvoll erfülltes Leben und führe es immer noch. Geboren wurde ich in Wien, im 9. Bezirk wuchs ich auf. Als junger Mann rückte ich 1933 zum Infanterieregiment Nr. 5 ein. So begann meine Laufbahn als Berufssoldat. Die Feuertaufe erlebte ich anlässlich der Februarunruhen 1934. Zum ersten Mal geriet ich in Lebensgefahr, als ich mit einem Kameraden in einem Hauseingang in Floridsdorf Deckung suchte. Ein Gewehrgeschoss schlug in die Handgranate meines Kameraden ein, die er an seinem Gürtel trug. Gottlob wurde der Zündstift nicht getroffen. Sonst wären wir beide tot.

Im März 1938 stürmten die Nationalsozialisten das Bundeskanzleramt in der Wiener Innenstadt. Ich war als Wachposten beim Haupttor eingeteilt, als sie anrückten, durfte von der Waffe aber nicht Gebrauch machen.

Eine interessante Episode erlebte ich mit Bundeskanzler Schuschnigg. Er war von den Nationalsozialisten in seiner Villa eingesperrt worden und bekam nichts zu essen. Ich rief meine Mutter an, etwas Essen für den Bundeskanzler zu besorgen. Sie beauftragte meinen Halbbruder, einen Brotlaib über den Zaun von Schuschniggs Anwesen zu werfen. Meine Mutter war eine schwere Gegnerin der Nationalsozialisten und hatte immer davor gewarnt, dass es Krieg geben würde.

Auch ich war kein Nationalsozialist. Ich lehnte es ab, im Wachbataillon von Hitlers Führerhauptquartier zu dienen, wurde aber in die Deutsche Wehrmacht übernommen. Ich habe als Unteroffizier im Krieg am Polenfeldzug, am Frankreichfeldzug, an der Invasionsfront teilgenommen und zwei schwere Verwundungen erlitten. Ich besuchte die Luftkriegsschule in Berlin-Bernau und wurde als Oberleutnant ausgemustert. Das Kriegsende am 8. Mai 1945 erlebte ich in Düsseldorf, danach ging ich 1200 Kilometer zu Fuß nach Österreich. Nach einem Zwischenaufenthalt in Tirol kam ich im niederösterreichischen Neulengbach an und sah endlich meine Familie wieder. Auf dem Weg dorthin geriet ich wiederholt in US-Gefangenschaft und ergriff immer wieder die Flucht. Mein Halbbruder Heinrich war in Russland gefallen.

Nach dem Krieg gab es nichts zu essen. Meine Schwiegermutter ging in eine Molkerei arbeiten und konnte uns mit Milchprodukten versorgen. Gelegentlich brachte sie verbotenerweise auch Schlagobers unter dem Decknamen »saure Milch« mit. Als ich im Herbst 1945 von General Gruber eingeladen wurde, in der Staatskanzlei-Heeresamt am Aufbau eines neuen Heeres mitzuwirken, hörte ich auf den Rat meines Vaters. »Krieg kommt keiner mehr«, sagte er. »Und du warst immer gerne Soldat. Nimm die Stelle an. Es ist ein sicherer Posten, obwohl du in einem Kaufhaus mehr verdienen könntest.«

Nach der Auflösung der Staatskanzlei-Heeresamt 1946 wurde ich geheimer Inlandskurier des Bundeskanzleramtes. Danach kam ich in die Protokollabteilung des Bundeskanzleramtes. 1950 holte mich Bundeskanzler Leopold Figl als Sicherheitsbeauftragter und Referent in sein Sekretariat. Neben den dienstlichen Arbeiten bekam ich privat Sonderaufträge von Figl. Zu Weihnachten besorgte ich seiner Tochter im letzten Moment ein Fahrrad als Geschenk. Einmal besuchte ein Schweizer Ehepaar, Nachfahren eines der Gründer des Elektrotechnikkonzerns *Brown, Boveri & Cie.*, Wien. Die Familie hatte Österreich beim Wiederaufbau sehr unterstützt, und Figl wollte sich deshalb erkenntlich zeigen. Er hatte erfahren, dass sich die Schweizer einen Dackelwelpen wünschten. »Sie können das schon«, komplimentierte mich Figl aus seinem Zimmer, als ich Bedenken äußerte, dass innerhalb von drei Stunden wohl keine Dackelwelpen zu besorgen seien. Ich tätigte ein paar Anrufe und konnte dem Ehepaar schließlich einen jungen Dackel im Auftrag des Bundeskanzlers im Hotel Sacher übergeben.

Beim protokollarischen Ablauf der Feierlichkeiten zur Unterzeichnung des Staatsvertrags 1955 durfte ich ebenfalls mitwirken. »Österreich ist frei!«, Figls berühmte Worte auf dem Balkon des Belvedere, hörte ich aus nächster Nähe.

Einer meiner schwierigsten, zugleich interessantesten Tätigkeiten war mein Einsatz bei den Olympischen Winterspielen in Innsbruck 1964 und 1976, bei denen ich als Zeremonienmeister Planung und Ablauf der Eröffnungs- und Schlussfeier zu gestalten hatte. Ich stand derart unter Druck, dass ich die Befehle und Anweisungen für die Schlussfeier 1964 noch nicht fertig hatte, als die Olympischen Spiele bereits begonnen hatten. Das trug mir den Namen »Olympia-Nagl« ein.

Bei der Entzündung der österreichischen Fackel 1976 im Olympischen Hain erlosch das Feuer. Ich tauschte sie rasch gegen eine Bundesheerfackel aus, die ich vorsorglich mitgenommen hatte. Ich setzte sicherheitshalber bei der Entzündung der doppelten Feuerpylone, die übrigens meine Idee war, die Fackel von 1964 ein. Bei der Eröffnungsfeier konnten wir mit knapper Not verhindern, dass ein Würstelmann mit seinem Wagen hinter der Olympischen Fahne ins vollbesetzte Stadion einzog. Der geschäftstüchtige Imbissverkäufer wurde sanft hinauskomplimentiert.

In Innsbruck lernte ich auch eine junge Frau namens Silvia Sommerlath kennen, die für das Internationale Olympische Komitee als Hostess arbeitete. Als bekannt wurde, dass sie den schwedischen König Carl Gustaf heiraten würde, war ich ihr behilflich, einer Pressemeute zu entkommen. Wenige Jahre später besuchte der schwedische König mit seiner jungen Gattin Wien. Ich war für das Protokoll dieses Staatsbesuches zuständig, hatte aber auch Gelegenheit, ein paar Worte mit der Königin zu wechseln. Anlässlich der königlichen Visite wurde mir das Kommandeurkreuz des Schwedischen Nordsternordens verliehen, eine sehr hohe Auszeichnung, die mit einem aristokratischen Titel verbunden ist, der allerdings nur in Schweden Gültigkeit besitzt.

1976 war ich als Gast mit dem Österreichischen Olympischen Komitee zur Eröffnungsfeier der Sommerolympiade in Montreal eingeladen. Meine Tochter Christine, die zu jener Zeit in Kanada arbeitete, begleitete mich ins Stadion. Unsere Plätze waren nicht weit von der Loge der britischen Königin Elizabeth II. entfernt. Wir hatten so Gelegenheit, einen amüsanten Zwischenfall zu beobachten. Bei der Tanzvorführung traten Mädchen in Pelerinen auf. Eine Tänzerin warf plötzlich ihren Umhang ab und entpuppte sich als nackter Mann. Die Queen war sicher »not amused«.

Ich hatte das Glück, dass ich auch auf dem kulturellen Sektor interessante Aufgaben zu erfüllen hatte. Im Wiener Männergesang-Verein bin ich seit Jahrzehnten Mitglied. Ich sang den zweiten Bass, war Mitorganisator der »Narrenabende«, der Ballveranstaltungen des Vereins, und Reiseleiter bei den Fernost-Konzertreisen. Sie führten uns bis nach Japan, Hongkong, Singapur, Malaysia und Australien. Wir feierten mit Schubert- und Johann-Strauß-Werken große Erfolge. Johann Strauß Sohn komponierte für den Wiener Männergesang-Verein übrigens das Auftragswerk *An der schönen blauen Donau*. Ich konnte als Herausgeber an der Veröffentlichung des Faksimiles der Donauwalzer-Originalnoten mitwirken.

An der Wiener Staatsoper war ich vor 40 Jahren militärhistorischer Ratgeber bei der Neuinszenierung der *Carmen*. Ich gestaltete den militärischen Ablauf der Wachablöse im ersten Akt und unterstützte die Regie bei der Auswahl der Uniformen und der Bewaffnung der Soldaten auf der Bühne. Regisseur war Franco Zeffirelli, Carlos Kleiber stand am Dirigentenpult. Elena Obraszowa war die Carmen, Plácido

1. Brigadier Nagl-Ring

Domingo der Don José. Ich war viele Jahre vor jeder Aufführung der *Carmen* in der Oper und besprach mit dem jeweiligen Don José in der Garderobe den Ablauf der Wachablöse und übte mit ihm die richtigen Säbelgriffe. Besonders zu Domingo hatte ich ein sehr gutes Verhältnis.

Mit 58 unternahm ich meinen ersten Fallschirmsprung anlässlich der Internationalen Militärmeisterschaft im Fallschirmspringen. Ohne jede Ausbildung und Vorbereitung hob mich ein Fesselballon himmelwärts. Tiefes Atemholen, dann der Sprung ins Bodenlose. Nach heiler Landung wurde ich wie ein Held gefeiert. Von Minister Lütgendorf wurde ich zum Rapport befohlen. Er stauchte mich wegen dieser »Wahnsinnstat« zusammen, die er für eine »b'soffene Aktion« hielt. Am Ende reichte er mir schmunzelnd die Hand und gratulierte mir. Ich bat ihn, die Fallschirmspringer-Schule besuchen zu dürfen, was er mir mit folgenden Worten untersagte: »Wir wollen dich noch länger haben.« Im hohen Dienstgrad des Brigadiers ging ich in Pension.

Mit 85 heiratete ich meine liebe Ingrid. Unter dem Künstlernamen Ingrid Schramm schreibt sie Romane und Sachbücher. Mir widmete sie die Festschrift *Der Olympia-Nagl. Zum 100. Geburtstag von Brigadier i. R. Alfred Nagl*. Gemeinsam unternahmen wir viele Reisen: Türkei, Ägypten, Tunesien, Griechenland. Mit 99 war ich mit ihr am Nordkap. In unserem Haus in Weiden am See habe ich mir im Obergeschoß ein kleines Museum eingerichtet. Mit vielen Orden, Auszeichnungen, Erinnerungsplaketten, Uniformmützen, Ehrenurkunden und Geschenken aus aller Welt. Auf einem Foto ist Leopold Figls handschriftliche Widmung zu lesen:

»Herrn Alfred Nagl für treue Dienste zur freundlichen Erinnerung! Wien, 30. August 1952.«

Bis heute feiern wir die Feste, wie sie fallen. Ingrid fragte einmal beim Heurigen, ob es im Himmel wohl auch so gemütlich sein werde. Viel schöner als hier wird es wohl nicht mehr sein.

Georg Graner

*1917, Wien

Mit Kriegsbeginn 1939 wurde ich von Ungarn nach Polen in ein Arbeitslager deportiert. Wir mussten auf den Feldern arbeiten und Minen anfertigen. Viele überlebten die Tortur nicht.

Am 30. April 2017 feierte ich meinen wirklichen 100. Geburtstag. In meinen Dokumenten war lange Zeit ein falsches Geburtsjahr eingetragen. Kürzlich ließ ich das ändern. Ich stamme aus einer jüdischen Familie. Wir lebten in Budapest, der Vater starb mit 44. Es ist reiner Zufall, dass ich noch lebe. Meine Mutter legte mich nach meiner Geburt in einen Korb und fürchtete, ich hätte keine Chance durchzuhalten. Eine meiner Tanten päppelte mich auf. Mit Kriegsbeginn 1939 wurde ich von Ungarn nach Polen in ein Arbeitslager deportiert. Wir mussten auf den Feldern arbeiten und Minen anfertigen. Die Strafen waren drakonisch, viele überlebten die Tortur nicht. Meine Familie hatte in Budapest unter den faschistischen Pfeilkreuzlern zu leiden. Aus meiner Verwandtschaft überlebten nur meine Mutter und Schwester den Krieg.

1945 emigrierte ich nach Israel. Fünf Jahre blieb ich dort. Wie überall spielte ich auch dort Fußball. Ich war Profi, Mittelfeld. Ein Scout vermittelte mich nach Paris. Leider hat das nicht geklappt. 1950 kam ich nach Wien. Beim SC Hakoah im Prater kickte ich ebenfalls. Ich war 33, zu alt für den Profisport. Ich leitete später auch zwei Matches als Schiedsrichter. Damit war meine Karriere als Unparteiischer auch schon wieder beendet.

Austrianer bin ich seit Jahrzehnten. Lange arbeitete ich als Busfahrer einer Privatschule. 1965 wurde in Wien demonstriert. »Juden raus«, krakeelten die jungen Leute. Vor meinen Augen wurde der ehemalige kommunistische Widerstandskämpfer Ernst Kirchweger totgeprügelt.

An mein Alter denke ich nicht. Es ist nichts Besonderes, 100 zu sein. Ich bin um jeden weiteren Monat froh. Ich spiele gern Schach. Früher war ich Großmeister. Mit 99 fuhr ich noch Auto. Ich touchierte einen LKW, und das Auto war kaputt. Leider. Ich vermisse das Unterwegssein. Seit 63 Jahren bin ich mit Traude verheiratet. Sie arbeitete in der Bausparkasse. Sie ist 90 und muss die Folgen eines Schlaganfalls erdulden. Ich pflege sie zwischen ein Uhr nachmittags und sieben Uhr abends, dazwischen besuchen uns Pfleger. Sie spricht selten – wenn sie spricht, sagt sie: »Du bist lieb, bitte bleib da, lass mich nicht allein.« Ich frage mich jeden Abend beim Einschlafen: »Stehst du selbst morgen wieder auf?« Im Dunkel der Nacht, wenn Traude mich ruft, gehe ich zu ihr und halte ihre Hand. Dann schläft sie wieder ein.

Anneliese Rinke

*1917, Dornbirn, Vorarlberg

Ich musste mich mein Leben lang durchsetzen. Mein unverbesserlicher Optimismus half mir dabei. Nie stehen bleiben, immer weitergehen. Ich war mein eigener Münchhausen, der sich an den Haaren aus dem Sumpf zog.

Mein langes Leben erzählen, selbst in Stunden? Ausgeschlossen. Kein Menschenleben passt zwischen zwei Buchdeckel. An den Ersten Weltkrieg kann ich mich nicht erinnern, an die Nachkriegszeit aber schon. Der »Schwarze Freitag«, ein Tag Ende Oktober 1929. Amerika riss die Welt in die Krise. Unsere Familie lebte im Saarland an der Grenze zu Frankreich und Luxemburg. Mein Vater hatte eine kleine Firma mit Polsterwaren. Über Nacht brach das Geschäft ein. Der Vater fuhr nachts Taxi, damit unsere Familie zu essen hatte. Man schmierte rheinisches Rübenkraut aufs Brot. Der Marmeladeersatz glänzte auf dem Gebäck wie nasser Teer. Fleisch gab es einmal pro Woche, meist sonntags.

Seit ich als Kind das ABC gelernt habe, lese ich. Lesestoff war nie vor mir sicher. Als junges Mädchen ging ich auf eigene Faust in eine Buchhandlung und bettelte um eine Lehrstelle. Den Lehrvertrag wollte mein Vater allerdings nicht unterschreiben. »Meine Tochter eine Verkäuferin? Nie im Leben! Du gehst ins Büro!« So empörte er sich und verweigerte seine Zustimmung. Meine Mutter half mir aus der Patsche. Sie fälschte Vaters Unterschrift.

In Magdeburg, weit weg von den Eltern, begann ich nach der Lehre in einer Buchhandlung zu arbeiten. Man begab sich ja auf die Walz wie die wandernden Handwerker, die das bis heute machen.

In der Nazizeit war ich in der Münchner Rathausbuchhandlung beschäftigt. In München lernte ich einen Mann kennen. Er hatte ein kleines Auto, handgenähte Stiefel, eine Uniform. Alles Dinge, die auf mich ungeheuren Eindruck machten. Als junger Mensch war ich an Politik nicht interessiert. Heute weiß ich, dass Politik über unser Leben mitentscheidet. Der Mann in München war übrigens nicht besonders attraktiv und hatte abstehende Ohren. Er war Journalist und schrieb für den *Völkischen Beobachter.*

Mit Kriegsbeginn 1939 wurde er eingezogen. Zuvor hatte er mich gefragt, ob ich ihn heiraten möchte. »Kriegstrauungen« waren schick. Er meinte, falls er für »Führer und Vaterland« auf dem Schlachtfeld sein Leben lasse, sei ich als seine Witwe finanziell versorgt. Also schlossen wir den Bund der Ehe.

Ich übersiedelte jedoch allein nach Berlin. Eine Bekannte vermittelte mir eine Arbeit als Schreibkraft im Propagandaministerium. Ich verfiel auf der Stelle meinem neuen Chef. Günter war jedoch verheiratet, ich ja ebenfalls. Es musste aber dieser Mann sein! Beide standen wir unsere Scheidungen durch, um wieder heiraten zu können. Goebbels sah ich von Weitem bei großen Veranstaltungen, nie von Angesicht zu Angesicht. Weil ich im Ministerium arbeitete, durfte ich manchmal ein Taxi bestellen. Ein Luxus während des Krieges.

Nach 1945 hatte ich keine Probleme. Als ich mit dem Parteiabzeichen bei meinem Vater aufkreuzte, ermahnte er mich: »Mach bloß dieses Ding weg!« Er war überzeugter Sozialist, die Nazis waren für ihn die ganzen Jahre hindurch ein rotes Tuch gewesen. Die Entnazifizierung berührte mich nicht. Man wollte nichts von mir wissen. Die Jungen fragen mich: »Warum habt ihr euch nicht gewehrt?« So einfach war das nicht. Wer sich wehrte, lief Gefahr, weggesperrt zu werden. Vielen ist Schlimmeres passiert.

Die Heirat mit Günter erwies sich als Reinfall. Er lebte nach dem Motto, alles haben zu müssen, was ihm gefällt. Das zog sich durch sein Leben. Die Ehe ging auseinander, ich zog mit meinen beiden prächtigen Mädchen nach Salzburg. Als die Kinder klein waren, arbeitete ich bei einer Zeitung in Salzburg als Redaktionssekretärin. Klaudia, die Jüngere, lebt in der Nähe von Salzburg. Sie ist verwitwet und hat fünf Kinder. Die Ältere, meine liebe Doris, starb im Vorjahr an Krebs. Ihr Tod ist das Drama meines Lebens. Diese Wunde kann nie heilen.

Ich musste mich mein Leben lang durchsetzen. Mein unverbesserlicher Optimismus half mir dabei. Nie stehen bleiben, immer weitergehen. Ich war mein eigener Münchhausen, der sich an den Haaren aus dem Sumpf zog.

Ich wollte nie älter als 80 werden. Es ist nicht schön, sehr alt zu sein. Ob man 99 oder 100 ist, macht keinen Unterschied. Ich wünsche mir, dass nicht immer noch bessere Säftchen

und Pillchen erfunden werden, um Menschen immer noch älter werden zu lassen.

Altsein darf man nicht erzwingen. Ich kann ohne Rollator keinen Schritt mehr machen. Alles fällt weg, wenn man alt ist. Mit über 70 war ich auf fünf Schiffsreisen, mit 78 besuchte ich Israel. Inzwischen frisst sich die Arthrose in meine Knochen. Beim Aufwachen am Morgen hallt es im Kopf: »Mein Gott, du bist ja noch immer hier!« Ich kann mich dagegen nicht wehren, der Herrgott macht mit einem, was er will.

Vor dem Tod habe ich keine Angst. Ich hatte ein erfülltes Leben. Wenn es so weit ist, macht man sich eben auf den Weg. Noch geht es aber jeden Tag weiter, ob ich will oder nicht.

Je älter man wird, desto eher tauchen Bilder von früher auf. Die Vergangenheit ist alles, was ich habe. Die Gegenwart steht still, eine Zukunft habe ich nicht.

Meine Eltern flohen mit uns Kindern aus Saarbrücken, nachdem die Franzosen 1923 das Rheinland besetzt hatten. Nach deren Abzug übersiedelten wir in eine kleine Wohnung in Echterdingen bei Stuttgart. Ich erinnere mich, wie meine Mutter nach Stuttgart fuhr, um mir ein Kleid zu kaufen. Der Anlass muss eine Hochzeit oder ein Fest gewesen sein. Sie kehrte am Abend mit einem goldfarbenen Rock und einem schönen Pullover zurück, der wie gehäkelt wirkte. Ich hörte, wie sie dem Vater gegenüber erwähnte, sie habe nach dem Kauf kein Geld mehr. Die Weltwirtschaftskrise warf ihre Schatten voraus.

Ich denke oft an die Zeit in Echterdingen. Vor drei Jahren unternahm ich eine Erinnerungsreise dorthin. Es gibt in der Stadt einen Gedenkstein, der an eine Katastrophe erinnert: Bei einer Zwischenlandung wurde 1908 ein Zeppelin während eines Gewitters auf einer Wiese nahe der Stadt zerstört. Ich sitze in meinem Zimmer und denke an Echterdingen. Was soll ich alte Frau auch sonst tun?

Anneliese Rinke
*1917, Dornbirn, Vorarlberg

Anna Radl

*1916, Wien

Tag für Tag lese ich in der Früh auch Zeitung. Man muss ja mit der Zeit gehen. Dabei nicke ich manchmal ein, weil ich wieder erst nach Mitternacht ins Bett gegangen bin.

Ich bekomme oft zu hören, ich sei ein Wunder. Sobald ich aufgewacht bin, mache ich meine Turnübungen. Ich lasse die Hände kreisen, fahre Rad, mit den Beinen in der Luft, zuerst langsam, dann immer geschwinder. Dabei war ich nie besonders sportlich. Man darf aber nicht kapitulieren.

Meine Tage vergehen schneller als früher. Mir wird die Zeit zu kurz! Ich schreibe nämlich über mein Leben, notiere Erinnerungen. Längst habe ich meine Geschichte nicht zu Ende erzählt. Tag für Tag lese ich in der Früh auch Zeitung. Man muss ja mit der Zeit gehen. Dabei nicke ich manchmal ein, weil ich wieder erst nach Mitternacht ins Bett gegangen bin.

Meine Kindheit verbrachte ich im Waldviertel. Mein Vater war Zöllner an der tschechischen Grenze. Es war die Zeit der klirrend kalten Winter. Jeden Tag ging ich eine Stunde in die Schule, mutterseelenallein, bei jedem Wetter, zwei Jahre lang. Sehr viel später fand ich Arbeit im Büro der Niederösterreichischen Landesregierung.

Kurz vor Kriegsende wurde ich zur Luftwaffe auf die Kärntner Kanzelhöhe auf 1500 Metern Seehöhe einberufen. Warum, wusste ich nicht. Wir mussten die Höhe der Wolken schätzen, die verschlüsselten Nummern der Dörfer und Städte auswendig lernen. Im April 1945 wurden wir entlassen. »Geht in eine Stadt fern der Front«, hieß es. Ich fuhr zu meinem Mann, einem Soldaten, nach Linz, dort wurde im Jahr darauf unsere Tochter geboren. Todunglücklich war ich, weil ich fürchtete, ich könnte für das Kind nichts zu essen bekommen. Bei Regen schliefen wir auf einer Matratze unter einem Regenschirm, weil das Dach unserer Unterkunft undicht war. Irgendwie ging es dann doch.

Vor dem Sterben fürchte ich mich nicht. Ich möchte nur nicht lange leiden müssen. Ob es ein Leben nach dem Tod gibt? Man betet zwar, vorstellen kann man es sich aber nicht. Gern käme ich als Mensch wieder auf Erden, obwohl ich Vögel auch sehr liebe. Ich kenne dazu einen Witz: Ein Mann kommt zu Petrus in den Himmel. Petrus fragt, was der Neuankömmling denn werden wolle, käme er wieder auf die Erde. »Ein Affe möchte ich sein«, sagt der Mann. Darauf Petrus: »Man darf nicht zweimal hintereinander dasselbe Leben führen.« Vielleicht werde ich ja als Blaumeise wiedergeboren. Früher wohnten wir in der Nähe des Wiener Praters, da gab es Sträucher voller Vögel. Als ich später wieder daran vorbeiging, sah ich keine einzige Blaumeise mehr.

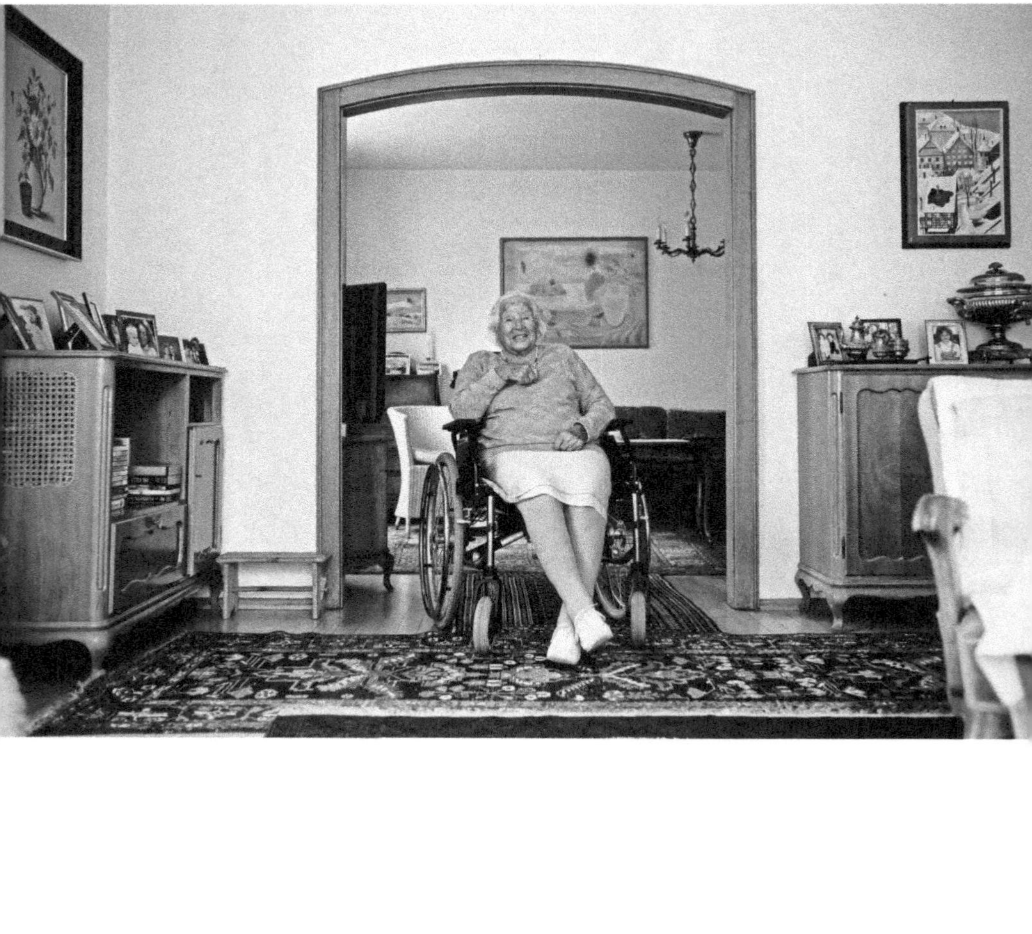

Dorothea Neurauter

*1917, Bregenz, Vorarlberg

Ich ergriff mit den Kindern die Flucht aus der Stadt. Die letzten eineinhalb Kriegsjahre verbrachten wir im Wald. Es herrschte klirrende Kälte. Holzhacken wurde mein Hobby.

Lesen geht nicht mehr. Mit Mühe entziffere ich Zeitungsüberschriften. Ein Buch lesen? Nicht einmal daran denken! Die Buchstaben verschwimmen vor den Augen. Was soll man machen? C'est la vie.

Klar sind die Bilder aus der Vergangenheit im Kopf. Ich bin ein Einzelkind. Mein Vater kehrte aus dem Ersten Weltkrieg nicht zurück. Wir wohnten in Innsbruck: Mein Onkel mit seinen vier Kindern im Obergeschoß eines großen Hauses, meine Mutter gemeinsam mit mir bei der Großmutter. Da waren immer viele Kinder, in jedem Alter, wie die Orgelpfeifen.

Es war eine unbekümmerte Zeit, die wir in dem Garten neben unserem Haus verbrachten. Unbeschwerte, lichte Tage. Die Veränderungen durch den Krieg bekamen wir Kinder nicht mit. Es mangelte uns an nichts. Wir kletterten auf

Obstbäume und holten uns aufgeschlagene Knie und Beulen am Kopf. Für meine Mutter war es schwierig ohne Mann, sie kümmerte sich aufopferungsvoll um mich, unsere Familie hielt zusammen. Ich war kein Jahr alt, als der Krieg meinen Vater fraß.

Ich ging gern in die Schule, begann früh zu lesen. Ich erinnere mich an unsere Kinderbücher. An die Geschichten und Belehrungen: »Kinder, macht das ja nicht, sonst folgt die Strafe auf dem Fuß! Dies und jenes gehört sich nicht!« Wir Kinder hielten uns nie daran. Die Bücher stammten aus der Schulbibliothek. Bücher wurden nicht gekauft oder hergeschenkt. Das konnten sich nur wenige leisten. Der Tanzkurs war der absolute Höhepunkt unserer gesamten Schulzeit. Dort lernte ich meinen künftigen Ehemann kennen. Wir wussten sofort, wir gehören zusammen. Sein Vater besaß ein großes Unternehmen. Im Maturazeugnis hatte ich nur Einser. Mein Onkel war Professor an der Universität. Ich wollte studieren. Sprachen und Literatur.

Als Hitler Österreich auslöschte, mussten die jungen Männer zum Militär. Verheiratete Männer blieben davon anfangs verschont. Mein Mann und ich gaben uns fast als Kinder das Jawort.

Als der Krieg kam, war nichts mehr wie zuvor. Einer meiner Cousins machte die Schnellmatura, bei der alle durchkamen. Nach nur sechs Wochen militärischer Grundausbildung wurde er an die Front entsandt, mit nicht einmal 18 Jahren. Der Mann meiner Tante war Rechtsanwalt. Er wurde mit 50 als Militärrichter eingezogen. Er war dazu verdammt, Todesurteile zu fällen. Bauernburschen schnitten sich einen Daumen ab, um sich vor dem Wehrdienst zu retten. Er wei-

gerte sich, die jungen Männer in den Tod durch Erschießen oder Erhängen zu schicken, und wurde selber an die Front entsandt. Der Mann und beide Söhne von dieser Tante waren im Krieg. Der Ehemann in Russland, wo er zufällig seinem Jüngsten begegnete. Sein zweiter Sohn versuchte an der Eismeerfront zu überleben.

Innsbruck war unter Hakenkreuzfahnen. Hitler kommt, hieß es. Ein kleines, bleiches Männchen sah ich von Weitem, das zum Stampfen des *Badenweiler Marsches* die von Menschen gesäumte Straße in einem Auto mit offenem Verdeck entlangfuhr. Mein Herz ließ Hitler nicht höherschlagen.

Es waren unsichere Zeiten. Man saß beisammen und verabschiedete sich. 14 Tage später war zu lesen, einer aus der Runde habe sein junges Leben für »Führer, Volk und Vaterland« hingegeben. Die Illusion jeder Sicherheit war dahin. Ich stand da mit zwei kleinen Kindern, 26 Jahre jung und ohne Studium. Vielen erging es so.

Ich ergriff mit den Kindern die Flucht aus der Stadt. Die letzten eineinhalb Kriegsjahre verbrachten wir im Wald. Mein Schwiegervater besaß ein Jagdhaus auf 900 Metern Höhe inmitten einer Wiese, umgeben von dichtem Wald. Das nächstgelegene Bauernhaus war eine halbe Stunde Fußmarsch entfernt. Es herrschte klirrende Kälte. Anfangs machte mir die tiefe Verlassenheit des Waldes Angst.

Nie zuvor hatte ich eine Axt in der Hand gehalten. Holzhacken wurde mein Hobby. Von November bis April konnten wir nur in Skischuhen vor das Haus treten, so dicht standen die Schneewände. Aus den roten Beeren der Berberitze machten wir Tee. Wir führten ein regelrechtes Urdasein.

Dann nahm das große Töten endlich sein Ende. Alle waren froh, dass die Zeit des Wahnsinns vorbei war. Stein für Stein bauten wir alles wieder auf.

Mein Mann kehrte aus Frankreich nicht zurück. Es gab keine Familie, die vom Krieg verschont geblieben wäre. Man hatte nichts mehr, konnte nichts kaufen. Lebensmittelkarten und Bezugsscheine für Textilien wurden ausgegeben. Weil ich schon vor dem Krieg geheiratet hatte, war ich die Einzige unserer Freunde, die schöne Gläser besaß. Ich nahm sie zu unseren Zusammentreffen mit, damit wir anstoßen konnten. Aus karierten Tischtüchern schneiderten wir Röcke.

Mein zweiter Ehemann war Vorarlberger. Er hegte die Idee, in der Region zwischen Euphrat und Tigris eine Augenklinik zu eröffnen. Ich hätte dort gern gelebt. Wir ließen uns 1957 schließlich mit unseren zwei gemeinsamen Kindern in Bregenz nieder. Seither bin ich hier. Ich liebte es, in den Bergen zu wandern. Stundenlanges, schweigsames Gehen. Gemeinsam mit meinem Mann war ich oft auf Reisen, gern gingen wir auch mit unserem Boot segeln. Mein Mann war mit 90 der älteste Segler am Bodensee. Er fuhr nicht gern auf Urlaub. Hinterher haben ihm unsere Reisen immer sehr gefallen.

Mein Leben war schön. An den Tod denke ich nicht. Was soll dabei herauskommen? Kann man Undenkbares denken? Sterben ist ein natürlicher Vorgang. Die Natur ist voll davon. Die meisten meiner Freunde sind längst tot. Jene, die noch leben, sind geistig nicht mehr von dieser Welt. Mit der Zeit nimmt die Einsamkeit zu, ganz langsam geht das Licht aus. Es kommt, wie es kommen muss. »Jedes legt noch schnell ein Ei, und dann kommt der Tod herbei«, dichtet Wilhelm Busch.

Erika Wessetzky

*1911, Wien

Manchmal träume ich, dass ich wieder singen kann, schöne, hohe Töne. Und dann stimme ich noch einmal all die Lieder an.

Niemandem wünsche ich, so alt zu werden. Man verliert nacheinander so gut wie alles. Ich sang früher schön und gern, drei Jahre lang war ich als Opernsängerin in Aachen engagiert.

Heute bekomme ich wegen einer Gaumenoperation kaum mehr einen Ton heraus. Ich höre auch schlecht. Musik ist für mich inzwischen wie Lärm. Als ich das erste Mal auf einer Bühne stand, hatte ich mir einen Zahn schwarz angemalt. Ich war die Zigeunerbraut in der Oper *Die Zigeunerin*. Ich schaute in das finster dreinblickende Publikum und war kein bisschen nervös. Als ich später die *Carmen* sang, riefen mir Menschen in der Konditorei zu: »Schau, die Carmen!«

Einmal sang ich auch für die Soldaten im Radio. Mein Vater erreichte beim Singen mindestens die Tonhöhe von Enrico Caruso. Vater hatte eine wunderbare Stimme. Die habe ich von ihm geerbt. Meine Eltern waren beide Profes-

soren der Philologie, ich lernte früh Englisch und Französisch.

Meinem ersten Mann begegnete ich in einem sogenannten Englischklub. Diese Etablissements waren verboten, wegen Hitler, diesem Narren. Ich ging dennoch hin, weil ich eine solche Sehnsucht hatte, Englisch zu parlieren. Nur acht Tage nachdem ich meinen Mann geheiratet hatte, fiel er im Krieg. Damit war auch meine Opernkarriere zu Ende. Von Liedern allein kann man nicht leben. Das war aber nicht weiter schlimm.

Ich wollte nie berühmt werden, ich sang einfach gern. Eine Tante in Wien hatte Verbindungen zu den Amerikanern. Für diese übersetzte ich nach Kriegsende Dokumente. Ich weiß noch genau, dass ich Musiknoten in Händen hielt, als mich mein zweiter Mann ansprach. Ich fuhr zu einem Liederabend, wir begegneten uns in der Straßenbahn. Weil er schön war, dachte ich, er sei ein Damenfreund. Für ihn sang ich manchmal auf Englisch: »Goin' home. Goin' home. I'm goin' home.« Viel mehr kann ich nicht mehr. Und jeden Tag wird es noch weniger. Darunter leide ich sehr.

Manchmal träume ich, dass ich wieder singen kann, schöne, hohe Töne. Und dann stimme ich noch einmal all die Lieder an: *Freundliche Vision* von Richard Strauss oder Schuberts *Forelle*. Ich wundere mich jedes Mal, wenn ich am Morgen wieder erwache. Wenn ich noch ein Lied singen könnte, ein allerletztes, dann wäre es ein unbekanntes: »Über Nacht, über Nacht kommt Freud und Leid. Und eh du's gedacht, verlassen dich beid' und gehen, dem Herrn zu sagen, wie du sie getragen.«

Schwester Maria

*1917, Klagenfurt, Kärnten

Sie wurden an den Rand des Erdlochs geführt. Die Soldaten schossen ihnen ins Genick, die Körper sackten leblos in die Grube. Die Mörder machten sich nicht einmal die Mühe, nachzusehen, wer noch am Leben war.

Nach der Matura trat ich sofort ins Kloster ein. Meine Klassenkollegen staunten: »Ordensschwester? Die spinnt, die Mitzi!« Mir war früh klar, dass ich Nonne werden wollte. Wenn ich mir etwas in den Kopf setzte, war ich davon nur schwer abzubringen. Es musste das Frauenkloster sein. Bei den Ursulinen trat ich als Novizin ein.

Ich wurde gegen Ende des Ersten Weltkrieges geboren. Ich war ein zierliches Kind von geringer Körpergröße und schoss auch später nicht in die Höhe. Einmal saß meine Familie im Garten beieinander. Eine Tante sagte: »Die Mitzi ist ja ein Zwergerl!« Mit meinen vier Jahren stampfte ich auf: »Ein Zwergerl bin ich sicher nicht!«, und rannte aus dem Garten hinaus, so böse war ich. Als Erwachsene maß ich 1,60 Meter. Größe und Stärke sind nicht das Wichtigste. Meine Jahre auf Erden fordern ihren Tribut: Das Alter hält Überraschungen bereit, nicht nur Falten und Altersflecken, der Körper beginnt ebenfalls zu schrumpfen. Im Alter wurde ich noch kleiner. Meine Mutter war bereits von kleinem Wuchs. Sie bekräftigte mich früh: »Das macht gar nichts. Alle Menschen stehen fest am Boden, niemand reicht bis an die Himmelsdecke.«

Ich wuchs in einer katholischen Familie auf. Für meine Mutter war es eine Selbstverständlichkeit, die Sonntagsmesse zu besuchen. Mein Vater arbeitete als Schulwart. Von unserer Linzer Dienstwohnung aus musste ich um die Ecke gehen, schon war ich in der Schule. Wir bauten unser eigenes Obst und Gemüse im Garten an. Die Mutter wusste genau, welche Sorte wann geerntet werden muss.

Wir Kinder wären nie auf die Idee gekommen, dass wir wenig Geld hatten. Wir führten ein bescheidenes Dasein, halfen uns gegenseitig. Sowie ich von der Schule zu Hause war, pumpte ich am Brunnen Wasser, und meine Mutter goss das Gemüse und die Blumen.

Sie war eine sehr tüchtige Frau. Schon mit 14 war sie Vollwaise geworden und musste arbeiten. Sie heiratete früh und bekam fünf Kinder. Ihr Mann, mein Vater, war Kriegsinvalide und starb mit 60 an Speiseröhrenkrebs. Ich war 17, als ich ihm in seiner Krankheit beistand. Die Mutter hätte es allein nicht geschafft.

Vaters langes Sterben ging mir zu Herzen. Sein Dahindämmern, das Siechen, die monatelangen Schmerzen. Das einzige, was gewiss ist, ist der Tod. Im Glauben fand ich Trost.

Ich selbst wurde nach seinem Tod im Grazer Krankenhaus der Elisabethinen am Blinddarm operiert. Zwei meiner Tanten waren dort Ordensschwestern. Sie bemerkten, dass ich oft in der krankenhauseigenen Kapelle saß. »Einem Ruf muss man folgen!«, sagten sie. In den Orden der Elisabethinen konnte ich aus praktischen Gründen nicht eintreten: Ich vertrug den beißenden Äthergeruch nicht, der durch die Gänge vieler Spitäler waberte.

1938, als die Lichter in Österreich ausgingen, bestand ich die Matura. Mit 21 trat ich den Ursulinen bei. Heute bin ich die älteste noch lebende Schwester des Ordens! Als Jugendliche erklärten mich die meisten für verrückt: Klosterschwester mit 21! Mit Gott verheiratet! Ursulinen! Man wusste, dass die Ursulinen unter den Nationalsozialisten nicht geduldet werden würden. Von den neuen Herren wurde dann auch alles getan, um den Orden zu zerschlagen. Die Schule unserer Gemeinschaft wurde nach dem »Anschluss« geschlossen. Innerhalb von zwei Wochen mussten wir das Gebäude räumen. Wir lebten in der ständigen Angst, in ein Arbeitslager deportiert zu werden. Es ging buchstäblich um Leben und Tod. Deshalb beschloss die Amtsleitung, dass unser Noviziat nach Frankreich fliehen sollte.

Ich war erst seit drei Monaten bei den Ursulinen. Als wir aus Linz hinausfuhren, war der Pöstlingberg mit seiner Wallfahrtskirche das Letzte, was ich von der Stadt sah. Erst Oktober 1945 kehrte ich nach Linz zurück. Den Krieg überlebte der Orden in einem kleinen französischen Kloster, 200 Kilometer südlich von Paris. Was in Österreich geschah, bekamen wir nur am Rande mit.

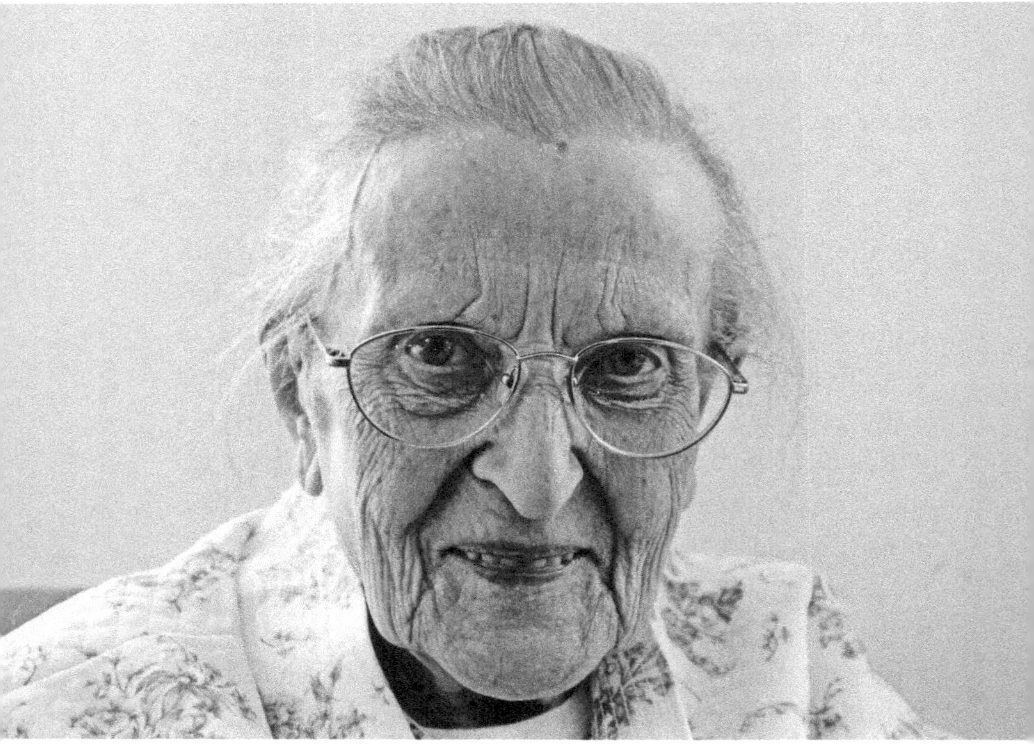

In Frankreich litt ich an Heimweh. Ich wollte mir das nicht eingestehen, und schon gar nicht wollte ich meine Mitschwestern ins Vertrauen ziehen. Meine Ausbildung begann, ich feierte meine Einkleidung: Wie eine Braut wurde ich angezogen, weißes Kleid, Schleier im Haar, viele Kerzen, es war wunderschön.

»Oui« und »merci« waren anfangs die einzigen Wörter auf Französisch, die ich kannte. Ja und danke. Dank einer alten Schwester aus Algerien lernte ich die Sprache.

Das Singen war schon immer meine Leidenschaft gewesen. In Paris durfte ich eine Ausbildung in gregorianischem Kirchengesang machen. Die Stadt war zu jener Zeit bereits von den Nazis erobert worden. Im Juli 1942 verhaftete die französische Polizei etwa 13 000 Juden in Paris und Umgebung und deportierte sie nach Auschwitz, wo fast alle ermordet wurden.

Die Résistance bekämpfte die deutschen Besatzer. Hoben die Deutschen ein Waffenversteck des Widerstands aus, fanden sich in der Stadt überall Plakate an Häuserwänden, die verlautbarten, dass sich die »Verantwortlichen« umgehend zu melden hätten, sonst würden 25 Männer standgerichtlich erschossen. Die Deutschen stürmten wahllos Häuser, trieben die Menschen auf die Straßen, erschossen Junge und Alte, 20, 30, 50 Männer. Viele davon wurden zuerst gequält und gefoltert, fürchterlichen Schmerzen ausgesetzt. Die Männer mussten ihr eigenes Grab schaufeln und wurden dann an den Rand des Erdlochs geführt. Die Soldaten schossen ihnen ins Genick, die Körper sackten leblos in die Grube. Die Mörder machten sich nicht einmal die Mühe, nachzusehen, wer noch am Leben war. Wir sangen für diese armen, hingerichteten Menschen ein Requiem.

Meine Rückkehr nach Österreich war nicht einfach. Ich wäre gern Missionarin geworden und in Frankreich geblieben. Der Orden brauchte mich aber hier. Als ich in Linz eintraf, meldete ich mich als Erstes bei meiner Mutter. Ich kam mir albern vor, weil ich in der langen Abwesenheit nach der Schrift zu sprechen gelernt hatte. Der Dialekt hatte mich aber bald wieder.

Meine Mutter war im Krieg gerade über die Runden gekommen. Sie wohnte in unserem alten Haus mit großem Garten und hielt Hasen und Hühner. Aus der Zeit vor dem Krieg hatte sie eine Ziege.

Ich erwarb meine Lehrbefähigung und unterrichtete Religion und Deutsch. Als Lehrerin hatte ich einen strengen Ruf, weil ich den Schülern einiges abverlangte. Es hat wenig Sinn, wenn man Kindern aus falsch verstandener Zuneigung gute Noten schenkt. Ich sah meine Aufgabe darin, sie auf das Leben vorzubereiten. 1969 wurde unser Kloster in Linz aufgelöst und in ein Kulturzentrum umgewandelt. Ich fand Aufnahme bei den Ursulinen in Klagenfurt.

Ich habe kein Lebensmotto. Wichtig ist, frohen Herzens zu sein und die Gewissheit zu verspüren, dass Gott mit einem ist. Er versteht und hört uns. Kürzlich stürzte ich schmerzhaft zu Boden. Im Krankenhaus musste ich mühevoll wieder gehen lernen. Alles ist schwieriger und beschwerlicher geworden. Mein hohes Alter ist dennoch ein Geschenk des Herrn. An meiner Entscheidung, ins Kloster einzutreten, habe ich nie gezweifelt. »Einem Ruf muss man folgen!« Wie recht meine längst verstorbenen Tanten hatten! Der Glaube verleiht meinem Leben Sinn. Er schenkte mir eine Aufgabe, die mir bestimmt war! Ohne Herrgott wäre ich verloren.

Konrad Hofer

*1917, Wien

Hertha ist am Zentralfriedhof begraben, bei ihrem Vater und ihrer Mutter. Sie ist mir wie immer vorausgegangen. Ich werde ihr folgen.

Weder an Himmel noch Hölle glaube ich. Religion? Alles Plunder. Ein Geschäft wie jedes andere. Ich kann das ruhigen Gewissens sagen, weil ich das von gescheiten Leute erzählt bekam. Wie jedes Tier lebt und stirbt, so lebt und stirbt auch der Mensch.

Dem Tod blickte ich schon oft ins Auge. Im Krieg lag ich verwundet im Dreck, in einer Lache aus meinem Blut. »Jetzt ist es aus«, dachte ich: »Jetzt schläfst du ein und wachst nicht mehr auf.« Ein Kamerad sah mich und klaubte mich auf. Angst hatte ich nicht. Vielleicht rettete mich gerade das? 275 Mann zählte meine Kompanie. 274 blieben auf dem Schlachtfeld zurück. Ich war der Einzige, der mit dem Leben davonkam.

Ich wurde mit 20 direkt vom Militärdienst in den Krieg geschickt. Mit meinen Kameraden war ich in einem Wald stationiert gewesen. Wir hatten geübt, unsere Gewehre

zusammenzusetzen, geraucht, gelacht. »Kollegen, wenn jetzt die Kanonen donnern, dann ist Krieg!«, brüllte der Kommandant. Uns gefror das Blut in den Adern. Krieg? Wir waren nicht auf Krieg aus! Wir wollten nach absolviertem Wehrdienst nach Hause! Da krachten schon die Bomben, die Luft zitterte.

Unter Hitler mussten die Jungen marschieren, später wurden die Alten an die Front geschickt. Wir hatten in unserer Ausbildung vom Krieg gelernt, jedoch nie ernsthaft gerechnet, dass tatsächlich einer kommen könnte. Kein Mensch glaubte das! Und dann wurden wir mit einer Ausrüstung ins Gefecht geschickt, die diesen Namen nicht verdiente! Wir schliefen im Wald, eng aneinander, um uns warm zu halten. Kampfausrüstungen bekamen wir spät ausgehändigt.

Ich lernte Hitler persönlich kennen, als ich vor seinem Anwesen in Deutschland Wache stehen musste. Er kam im Autokonvoi angefahren, stieg aus, grüßte mich und sagte: »Du bist ja auch Österreicher.« Er schüttelte meine Hand, und weg war er. Ich war politisch nie aktiv. Politik war und ist für mich ein stumpfsinniges Geschäft. Ein grausliches Geschäft. Mein Vater war durch und durch Pazifist. Es gab und gibt zum Frieden keine Alternative. Wir sollten einander nie wieder in Kriegen begegnen.

Mein Vater war Schriftsetzer. Ich hätte auch Schriftsetzer werden sollen. Der Vater suchte meinen Lehrer auf. »Was soll er werden, der Bub?«, fragte der Erzieher. »Schriftsetzer«, antwortete der Vater. Der Lehrer aber sagte: »Nein, das wäre doch schade um Ihren Sohn! Lassen Sie ihn studieren!«

Mein Onkel war Diplomingenieur und Doktor. Ein gescheiter Kopf. Ihm vertraute ich an, dass ich in Wien gern an der

Bundesanstalt für Chemie studieren wollte. Mein Onkel finanzierte mir die Ausbildung. Damals war es nicht selbstverständlich, als Sohn eines Schriftsetzers zu studieren.

Nach dem Krieg arbeitete ich in einem Stahlwerk in der Provinz. Ich schaufelte als Hilfsarbeiter Koks. Mein Chef erkannte, dass ich im Büro nützlicher war. Ich stieg schnell in eine Führungsposition auf, machte mir einen Namen. »Erfinder Nummer eins«, so nannten mich die Kollegen. Ich reichte einige Patente ein. In der Industrie waren damals Reinigungsmittel aus Natronlauge, Kalilauge oder Wasserglas in Verwendung. So giftige wie gefährliche Stoffe! Die Arbeiter atmeten die schädlichen Dämpfe ein! »Das darf doch nicht sein«, dachte ich und erfand ein ausgereifteres Mittel. Eine Substanz mit hoher Wirkungskraft, die man sogar hätte trinken können!

Ich nannte sie *MC500* und ließ sie patentieren. Mindestens 20 weitere industriell verwendbare Innovationen ließ ich schützen. Ich war ein leidenschaftlicher Erfinder, der sich gern den Kopf über die Mangelhaftigkeit der Welt zerbrach. »Wie kann ich helfen? Was muss ich erfinden?« So dachte ich. Ich fand immer ein Loch, das ich stopfen musste. Als ich das Unternehmen, in dem ich einst Kohle ins Feuer geschaufelt hatte, verließ, waren viele auf mich nicht gut zu sprechen. »Du kannst doch nicht weggehen, du hast doch eine so tolle Position!«, sagten die Kollegen. Aber wenn die Liebe zuschlägt, muss man sich beugen.

Ein einziges Mal in meinem Leben verliebte ich mich Hals über Kopf. Ich war Ski fahren. Stand zur Abfahrt auf der Piste bereit. Aus heiterem Himmel dieser stechende Schmerz im Fuß! Wie ein Blitz! Ich fiel um. Mein Knöchel war gebrochen, man führte mich ins Krankenhaus. Später musste ich zu einer Nachuntersuchung nach Wien. Und da sah ich sie: Hertha hatte ihre Tante ins Spital begleitet. Hertha und ich sahen einander auf dem Krankenhausflur in die Augen, und wieder blitzte es, diesmal blitzblau! Es war der Beginn einer großen Liebe.

Ich kündigte im Stahlwerk und übersiedelte nach Wien. Hertha und ich hatten ein wunderbares Leben. Ich liebte sie, Sexualität war sekundär. Wir unternahmen viele Reisen, meist in den Süden. Wir waren große Wanderer. Wenn möglich, gingen wir Tag für Tag in die Berge. Es dürfte nicht viele Berggipfel im Umkreis von Wien geben, auf denen wir nicht standen! Hertha ging voraus. Ich folgte ihr. Sie bereitete unsere Routen vor, legte die Ziele fest. Ich war in dieser Hinsicht eher nachlässig. Ich wusste, dass ich mich auf sie verlassen konnte.

Ich besitze eine Kartei mit all den Notizen, die sie über unsere gemeinsamen Touren machte. Blass gewordene Aufzeichnungen und verblichene Fotos. Wir waren ein hübsches Paar. Als sie krank wurde, pflegte ich sie sieben Jahre lang. Dann nahmen sie mir meine Hertha weg, weil sie dement geworden war. Sie starb schnell. Ich war an ihrem Sterbetag im Heim, um sie zu besuchen. Es wurde mir mitgeteilt, dass meine Hertha von uns gegangen sei. Mich an ihr Begräbnis zu erinnern, fällt mir schwer. Hertha ist am Zentralfriedhof begraben, bei ihrem Vater und ihrer Mutter. Sie ist mir wie immer vorausgegangen. Ich werde ihr folgen.

Franz Wallner

*1915, Gloggnitz, Niederösterreich

Zuerst auf dem Bauernhof geknechtet, dann Kanonenfutter für den Krieg. Das war meine Jugend.

Früh lernte ich, was es heißt, auf dieser Welt unerwünscht zu sein. Als ich drei Jahre alt war, starb meine Mutter an einer schweren Grippe. Ich kann mich an sie nicht erinnern. Ich kenne Fotos von ihr.

Mein Vater heiratete ihre Schwester. Wir Kinder mochten sie nicht. Sie schlug meine älteren Geschwister und mich bei jeder Gelegenheit. Unser Vater stand tatenlos daneben. Er verteidigte uns nicht, er hatte auch nichts zu melden. Damit wir nicht durchgefüttert werden mussten, schickte man uns fort zu Bauern. Wir waren selbst noch Kinder und mussten auf fremde Kinder aufpassen oder Kühe hüten. Vom 1. Mai bis zum 1. Oktober wurden wir vom Schulunterricht freigestellt. Während andere Kinder lernen durften, mussten wir arbeiten. Niemanden interessierte, was aus uns wurde. Einen Beruf erlernen? Niemals! Kümmerliche 90 Groschen am Tag war unsere Arbeit wert. Zeit, Kind zu sein, gab es nicht. An Weihnachten zerteilte der Vater Lehmbrocken und

wickelte die Stücke in Papier. Er behängte den Christbaum damit.

Nach dem Ersten Weltkrieg war das Geld nichts mehr wert. Unser Nachbar tauschte seinen über 500 Kilo schweren Ochsen gegen ein Fass Wein. Schlechte Zeiten brachen an. Mit 20 wurde ich zum Militärdienst eingezogen. Zuerst auf dem Bauernhof geknechtet, dann Kanonenfutter für den Krieg. Das war meine Jugend. Ich war lieber an der Front als daheim. Dort fühlte ich mich sicherer. Zu Hause hatten wir einen Luftschutzkeller, in dem es nie genügend Platz für alle gab. Bei Fliegeralarm musste ich vor der Tür des Schutzraums ausharren.

Unser Heerestrupp war an einem Frontabschnitt stationiert, an dem von Granaten und Bomben wenig zu spüren war. Drei Jahre war ich in englischer Kriegsgefangenschaft. Viele Häftlinge waren krank und entkräftet. Es gab einen Arzt, der ständig sagte: »Trinken Sie viel Wasser, und Sie werden wieder.« Es gab aber nur einen alten Schlagbrunnen, der kaum Wasser abgab. Wir waren froh, wenn die Engländer nicht darauf vergaßen, uns karge Essensrationen auszuhändigen.

Mit 28 kehrte ich aus dem Krieg nach Hause zurück. Der Feldzug, die Gefangenschaft, der Hunger, der lange Weg zurück: Vor Erschöpfung und Entmutigung brach ich, kaum in Österreich, zusammen. Ich konnte nicht mehr. Alles hatte sich inzwischen auch verändert. Ich schlief in ausgebombten Häusern. Wo sollte ich sonst hin?

1947 lernte ich meine erste Frau kennen. Gemeinsam bezogen wir ein kleines Kabinett. Wir bekamen zwei Kinder. Ich begann in einer Tischlerei als Bautischler zu arbeiten. Ich nahm den Spatel in die Hand und packte mit an. 18 Jahre blieb ich im Baugewerbe. Die wechselnden Meister mochten mich. Ich durfte sogar Türen anschlagen. Ein eigenes Haus baute ich nicht. Das wäre finanziell nicht machbar gewesen. Von dem Geld, das ich in der Tischlerei verdiente, blieb am Monatsende nicht viel übrig.

Als Ehemann erlebte ich Glück und Unglück. Bei meiner Frau wurde ein Gehirnabszess diagnostiziert, an dem sie jung starb. Nach langer Zeit der Trauer lernte ich meine zweite Frau kennen. Sie war Witwe, ein wenig jünger als ich. Meine Schwester hatte uns einander vorgestellt. Ich dachte sofort: »Ich habe zwei kleine Kinder, sie ebenfalls – das passt!« Alle zusammen waren wir eine große Familie. Ich habe versucht,

ein besserer Stiefvater zu sein als meine Stiefmutter. Unsere Kinder kommen uns gern im Heim besuchen, wo meine Frau und ich uns ein Zimmer teilen. Sie ist über 90.

Mit 60 ging ich in Pension. Das Unternehmen, bei dem ich beschäftigt war, wollte mich länger behalten, dann hätte ich auch eine höhere Rente bezogen. »Habt's mich doch gern, ich will endlich meine Ruhe«, dachte ich.

Ich lebe so, wie es kommt. Ich richte mich nach dem, was der Tag bringt. Wie es nach meinem Tod weitergehen wird, darüber mache ich mir keine Sorgen. Meine erste Frau wartet im Himmel auf mich, wo auch ich bald sein werde. Ob ich sie wiedersehen werde? Auf keinen Fall! Ich würde sie ja gar nicht wiedererkennen, so lange ist unser letztes Zusammensein her. Ich behalte sie lieber in Erinnerung, so wie sie war, jung und schön.

Barbara Kolland

*1918, Raaba, Steiermark

Ich wusste Bescheid über seine Freundin, deshalb packte ich den Koffer. 300 Schilling und die Kleider, die ich am Leib trug, hatte ich dabei.

Als die Schulzeit vorbei war, blieb ich ratlos zurück. Ich zerbrach mir den Kopf, was ich mit meinem Leben anfangen sollte. Verkäuferin? Friseurin? Am Ende entschied ich mich für die Schneiderei.

Ich bin Linkshänderin. Darauf nahm in meiner Lehrzeit niemand Rücksicht. Die Meisterin zürnte: »Ich kann dir nicht zuschauen, wie du schneidest!« Mit der linken Hand zu schneiden war nicht erlaubt. Bei der Abschlussprüfung musste ich ein Kleid nähen. Es war sehr anstrengend. Ich wurde für die Arbeit ausgezeichnet. Wichtig war es mir nicht.

1932 fing ich in der Änderungsschneiderei von *Kastner & Öhler* zu arbeiten an, einem großen Kaufhaus in der Grazer Innenstadt. Konsumtempel waren noch selten. Auf der Treppe stand ein Schwarzer in Uniform. Er gab Auskunft und wies der Kundschaft den Weg. Von überall strömten Menschenmassen herbei, um ihn anzustarren! Ich hatte auch noch nie einen Menschen mit dunkler Haut gesehen. In der Hitlerzeit wurde das Kaufhaus in *Alpenlandkaufhaus* umbenannt. Die jüdische Eigentümerfamilie wurde enteignet, der Schwarze beim Entree war Geschichte.

1938 heiratete ich. Anfangs bekam ich vom Krieg ein Jahr später nicht viel mit. Meine Schwägerin arbeitete für eine Lebensmittelkette. Sie konnte Speck und Würste besorgen. Einmal radelten wir an den Königssee. Wir machten eine Pause und packten unseren köstlichen Proviant aus. Gegenüber saß ein alter Mann aus Deutschland. »Ihr seid bestimmt aus der Ostmark, wir Reichsdeutschen kennen schon lange keinen Speck mehr«, sagte er. Wir traten ihm die Hälfte ab.

Bis 1944 arbeitete ich im Kaufhaus. Bis zu jenem Tag, an dem ich als Funkerin eingezogen werden sollte. »Nein, das mache ich auf keinen Fall!«, dachte ich mit dem Stellungsbefehl in Händen. Eine Kollegin und ich hatten Glück. Wir fanden Arbeit als Uniformschneiderinnen, was ebenfalls kriegswichtig war. Der Chef des kleinen Betriebs war froh, dass er uns hatte. Hitler hatte ihm bislang nur Angelernte geschickt! Meine Kollegin und ich wechselten uns im Schichtbetrieb ab, wir arbeiteten durchgehend von acht Uhr früh bis zehn Uhr nachts, 22 Stunden am Stück, die eine untertags, die andere in der Nacht.

1944 fielen die ersten Bomben auf Graz. Im Schloßberg war ein Stollensystem mit Schutzbunker angelegt worden, von Zwangsarbeitern, wie man später erfuhr. Wir harrten bei Alarm manchmal sieben Stunden im Bauch des Bergs aus. Wir nahmen Klappstühle mit, jeder hatte seinen fixen Platz. Beim Eingang zum Bunker herrschte jedoch immer heilloses Durcheinander. Junge, Alte, Mütter mit in Decken gewickel-

ten Kindern. Die Aufseher wiesen die Wartenden an, dass Frauen mit Kindern zuerst eingelassen werden würden. Darauf wurde das Gedränge noch schlimmer! In dem Chaos rutschten manchmal Kleinkinder aus den Armen ihrer Mütter! Zum Erbarmen schrien diese Frauen, weil sie genau wussten, dass ihre Kleinen unter den Füßen der Drängelnden zertreten wurden!

Nach dem Krieg kehrte ich nicht zu meiner Arbeit im Kaufhaus zurück. Meinem Mann und mir wurde unsere Tochter geschenkt, wir bauten in den 1950er-Jahren ein Haus in Raaba, südöstlich von Graz. Für den Baugrund hatten wir neun Schilling gezahlt! Inklusive Steuern. Das Grundstück hatte dem Blindeninstitut *Odilien* gehört. Schöne Weiden standen verstreut auf der Wiese, aus deren Holz die Sehbehinderten früher Körbe geflochten hatten. Um Platz für die neuen Häuser zu schaffen, schnitten wir gemeinsam mit unseren künftigen Nachbarn viele Bäume um. Leicht war das nicht.

Beim Zeitunglesen stieß ich zufällig auf eine Annonce: »Arzt sucht eine Aushilfe ohne jegliche Kenntnisse.« Ich meldete mich auf die Anzeige. Mein Mann arbeitete als Chauffeur bei *Puch*. Seine Mutter passte auf unsere Tochter auf, während wir in der Arbeit waren. Es hätte alles so schön sein können.

Unserer Ehe war kein Glück beschieden. Als unsere Tochter erwachsen war, brachte ich den Mut auf, meinen Mann zu verlassen. Ich wusste Bescheid über seine Freundin, deshalb packte ich den Koffer. 300 Schilling und die Kleider, die ich am Leib trug, hatte ich dabei. Beim Weggehen hatte mich meine Tochter darum gebeten, Faschiertes für das Mittagessen mitzubringen. Ich dachte: »Wenn du wüsstest, wo ich zu Mittag schon sein werde!«

Ich fuhr mit dem Zug nach Salzburg. Ich flüchtete in die Arme jenes Mannes, den ich kennengelernt hatte, der mein zweiter Ehemann werden sollte. »Komm gerade so, wie du bist, wir werden alles andere schon schaffen«, hatte er mir vor meinem Aufbruch versichert. Und so kam es auch. An einem Oktobermorgen, nur Tage vor unserem 29. Hochzeitstag, ließ ich mich von meinem ersten Mann scheiden. Ich wollte keine Zeit verschwenden. Beide verzichteten wir auf Rechtsanwälte. Als der Richter mit seinen Ausführungen zum Urteil begann, erhob ich mich: »Bitte, beeilen Sie sich!« Viele waren mir böse.

An einem Weihnachtsabend in meinem neuen Salzburger Zuhause wurde mir traurig zumute. Mein Mann sah mir meinen Kummer an: »Du denkst an Graz, oder? Wenn du möchtest, fahre ich dich zu deiner Tochter.« Gesagt, getan. Ich war heilfroh, sie an diesem Abend in die Arme schließen zu dürfen.

Wir wohnten in Salzburg in einem Vierparteienhaus. Von einer Nachbarin erfuhr ich, dass eine bekannte Trachtenschneiderei auf der Suche nach einer Werkstattleiterin war. Zuerst war ich mir unsicher, weil ich lange nicht mehr geschneidert hatte. Schließlich nahm ich meinen ganzen Mut zusammen und stellte mich vor. Die Schneiderei leitete ich bis zur Pension.

Vor elf Jahren starb mein zweiter Mann. Nach seinem Tod ging ich nach Raaba zurück. Ich vermisse ihn und Salzburg. Doch bin ich froh, hier bei meiner Familie zu sein. Ich wohne gemeinsam mit meiner Tochter und meinen Enkelkindern Haus an Haus. Viele Generationen unter einem Dach! Ein bestmöglicher Lebensabend.

Anna Strecker

*1914, Bad Vöslau, Niederösterreich

Mein Mann war Heinrich Strecker, der bekannte Opern- und Wienerliedkomponist. Er war herrlich verrückt, bisweilen hysterisch. Langweilig war es nie.

Meine früheste Erinnerung? Wir waren auf der Hochzeit meines Onkels. Meiner Mutter sagte ich auf dem Nachhauseweg: »Der Bräutigam war sehr schön angezogen, nur die Socken waren hässlich.«

Mein hohes Alter ist mir wurscht. Ich habe nie gedacht, so alt zu werden. Ich habe nicht darauf hingearbeitet, ich weiß um kein besonderes Geheimnis eines langen Lebens. Ich habe auf einen schnellen Tod gehofft. Dann wäre es mit mir geschwind vorbei, die anderen hätten dann Sorgen, nicht mehr ich.

Mein Mann war Heinrich Strecker, der bekannte Opern- und Wienerliedkomponist. Er starb 1981. Er war herrlich verrückt, bisweilen hysterisch. Langweilig war es nie. Unsere Ehe war glücklich. Wir lebten in der Villa Strecker bei Baden. Der Alltag war so traumhaft wie chaotisch und emotional. Als Mädchen hatte ich schon ein ordentliches Mundwerk. Ich ließ mir nichts gefallen. Musikalisch verstanden wir uns bestens. Ich studierte Klavier, ging viel in die Oper. Ich liebe Wagners *Meistersinger*. Schmalzige Wienerlieder konnte ich dagegen nie leiden.

Mein Mann war der Künstler, ich führte in Wien ein Theaterkartenbüro und eine Musikalienhandlung. Ludwig Gruber, den Komponisten von *Mei Muatterl war a Weanerin*, lernte ich so kennen, ebenso die Kabarettisten Wondra und Zwickl, Ernst Waldbrunn und Karl Farkas. Waldbrunn war ein feiner Mann. Farkas hatte ein behindertes Kind, das er abgöttisch liebte.

Strecker lernte ich im Urlaub in Maria Taferl kennen. Wir verstanden uns auf Anhieb. Er war schlank und sportlich. Wirklich fesch war er nicht. Aber ein großer Intellektueller. Der Krieg war der größte Einschnitt in meinem Leben. Die Bomben waren grauenhaft. Hitler sah ich bei einer Parade aus nächster Nähe. Er beeindruckte mich überhaupt nicht, er war weder elegant noch interessant. Ich hatte mein ganzes Leben nie Angst, nur vor den Bomben.

Anständige, gute Freunde sind mir wichtig. Nichts benötigt man mehr. Viele von ihnen sind tot. Jeder muss sich seinem Schicksal fügen. Was weiß man schon vom Leben? Man weiß wenig.

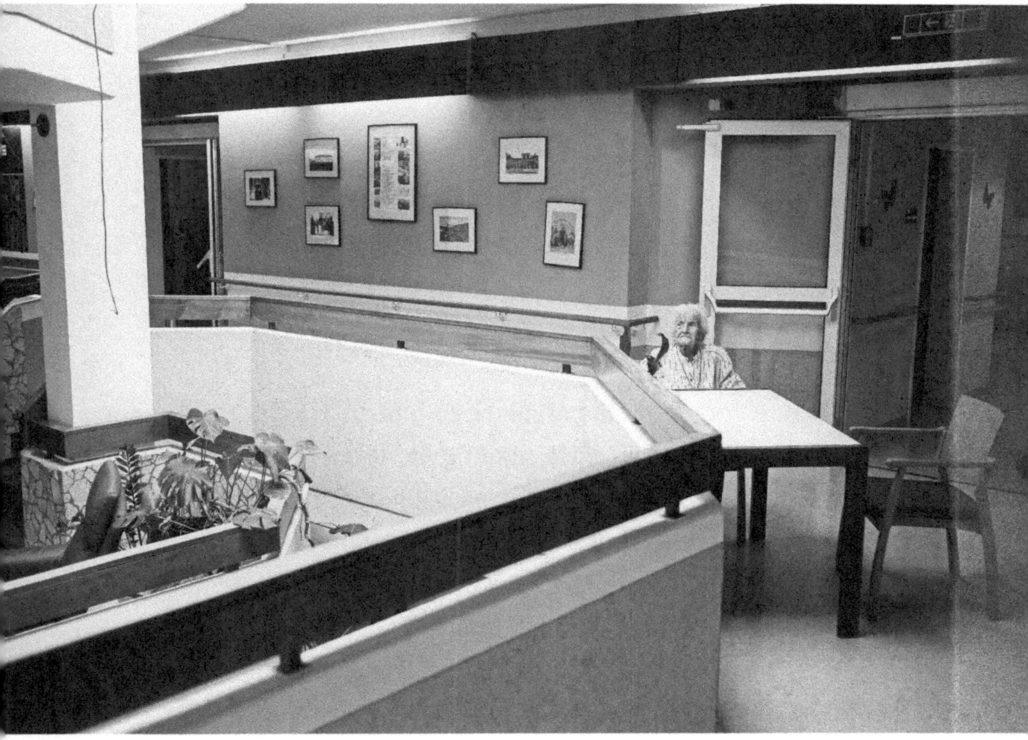

Walter Hipf

*1917, Salzburg

Die abgeworfenen Bomben pfiffen und heulten in der Luft. Den Lärm werde ich nie vergessen. So taub kann man gar nicht werden.

Schön geht mein Leben nicht zu Ende. Ich kann nicht mehr gehen und muss mich ständig an Bett oder Kasten anhalten. Wage ich einen zögerlichen Schritt, falle ich. Der Radius meines Daseins ist mit den Jahren immer kleiner geworden. Es drückt schmerzlich auf die Brust, weil ich aus dem Pflegezimmer kaum noch hinauskomme.

Ich war ein begeisterter Bergsteiger und Skifahrer. Sport, Sport, Sport. Das war mein Leben. Mit 24 stand ich zum ersten Mal auf Skiern. Mein erstes Paar hatte keine Kanten. Als Schlosser stand ich Tag für Tag in einer großen Werkstatt. Nach Feierabend spannte ich die Skier in den Schraubstock und montierte die Kanten.

Übung war beim Skifahren wichtig. Es gab keine Pistenmaschinen, kein Meter der Strecke war präpariert. Wer sich nicht traute, den steilen Abhang hinunterzubrettern, rutschte auf dem Hintern nach unten. Ich war ein guter Skifahrer.

Ein unnötiges Risiko ging ich aber nie ein. Auch nicht beim Skispringen. Wir hüpften über selbstpräparierte Schanzen, natürlich ohne Sprungski, nur mit unseren alten Brettern.

Als Jugendlicher lernte ich Josef Bradl kennen. »Bubi« riefen wir ihn, wir waren ungefähr im selben Alter. Er wurde später ein bekannter Skispringer und Skisprungtrainer. Bubi war 1936 der erste Mensch, der auf Skiern über 100 Meter weit sprang. Als Halbwüchsige bauten wir in Bubis Heimatort Mühlbach am Hochkönig gemeinsam eine Schanze. Ich sprang 37 Meter weit, Bubi bereits über 70. Der Mühlbacher sprang dem Bischofshofener auf und davon. Uns trennten Welten.

Klein-Bubi war gemeinsam mit seinem Vater bereits viel in den Bergen unterwegs gewesen. Der Vater stürzte eines Tages ab und verunglückte tödlich. Bubi kam ins Sportheim und wurde ein ganz Großer seines Fachs. Alle sprachen über ihn, heute ist er nahezu vergessen. Mein lieber Freund starb 1982, viel zu früh.

Mein Vater war Lokführer. Ein Eisenbahner, der nicht gern auf Reisen war. Von unserem Haus bis zum Bahnhof waren es wenige Meter. Ich war oft mit ihm unterwegs. Meine Zwillingsbrüder waren noch zu jung, aber ich durfte mit ihm bis nach Venedig fahren. Mit acht Jahren im Zug nach Venedig! Unser Vater war stolzer Lokführer einer alten Dampflok. Als sich die ersten elektrischen Zugsgarnituren auf den Gleisen fortbewegten, sagte er: »Die brauche ich nicht.« Er schaute immer darauf, dass es uns Kindern gut ging. Mit 52 starb er. Unsere Mutter folgte ihm bald nach.

Als Bursche lernte ich meine spätere Frau kennen. Sie war

fünf Jahre jünger als ich. Wir waren Nachbarskinder, drei Häuser voneinander getrennt. Nach dem Krieg wurden unsere Töchter und Söhne geboren. Mit den Kindern ging ich früh in die Berge. Wandern und Ski fahren. Keines unserer Kinder musste eine Skischule besuchen. Meine Frau begleitete uns oft auf den Touren. Es waren wunderbare Zeiten! Unsere gemeinsamen Momente konnte sie später nicht mehr wachrufen. Die Demenz raubte ihr die Erinnerung. Sie starb 2007. Mein älterer Bruder fiel im Krieg, der jüngere Bruder wurde 2002 zu Grabe getragen. Wer nicht im Krieg umkam, ist längst tot. Nur ich bin noch da.

Im Zweiten Weltkrieg war ich bei der Luftwaffe. Ich wollte schon vor dem Krieg Flieger werden, rückte deshalb freiwillig ein. Ich besuchte die Fliegerschule in Klagenfurt, doch nach dem »Anschluss« zerschlugen sich meine Träume: Der Unterricht war über Nacht zu Ende, die Deutschen übernahmen das Kommando.

Ich wurde als Schlosser eingesetzt. War ein Flugzeugmotor völlig kaputt, baute ich einen neuen ein. Zur Abnahme musste ich mitfliegen. Die Nazis argwöhnten, dass Sabotage im Spiel sein könnte. Ich war mein Leben lang Sozialist. Die Nazis wussten genau um den Hass, der ihnen entgegenschlug. Sabotage war eines der Mittel, das braune Pack zu bekämpfen. Angst verspürte ich beim Mitfliegen nie. Ich hatte die Maschine zuvor ja selber repariert. Ich hörte den Motor surren: Alles in Ordnung. Später flogen alliierte Bombengeschwader über Klagenfurt und den See entlang, bis über die Berge hinweg. Die abgeworfenen Bomben pfiffen und heulten in der Luft. Den Lärm werde ich nie vergessen. So taub kann man gar nicht werden.

Als ich 97 war, arbeitete ich eines schönen Tages in meinem Garten. Dann ging ich zu Bett. Am Morgen konnte ich nicht mehr von allein aufstehen, mich kaum mehr rühren. Seit damals bin ich an den Rollstuhl gefesselt. So kam ich ins Heim. Ich machte eine Therapie, die keine Besserung brachte. Ich bin dazu verdammt, anderen im Fernsehen beim Skifahren zuzuschauen.

Hauptsache, der Fernseher funktioniert. Oft kann ich den Sendungen aber nicht mehr folgen. Der *Tatort* dauert mir zu lang. Den Ermittlern in den *Rosenheim-Cops* schaue ich gern zu. Zeitung lese ich mit der Lupe. Leider sind die *Salzburger Nachrichten* in kleiner Schriftart gedruckt. Nicht optimal für mich.

Ich bin, glaube ich, ein komischer Leser. Zuerst lese ich die Schlagzeilen der Zeitung und blättere weiter. Sowie ich alle Überschriften gelesen habe, fange ich von vorne an. Dann widme ich mich den Artikeln, die mich interessieren. Und mich interessiert alles, ich lasse nichts aus. Manchmal sitze ich den ganzen Tag über einer Ausgabe.

An meinem rechten Auge wurde Grauer Star festgestellt, der nicht mehr operiert werden kann. Ich habe Angst, dass die Sehkraft auf meinem guten Auge schwindet. Dann habe ich gar nichts mehr.

Ich lebe in der Vergangenheit. Wie oft ich in meiner Jugend am Hochkönig oben war! Unmöglich, die vielen Touren zu zählen! Einmal wanderte ich mit Freunden. Es war Herbst, nachmittags um vier. Zu unserem Schock sahen wir aus der Ferne ein Schutzhaus in Flammen stehen. Ich weiß nicht, ob an diesem Tag Menschen oder Tiere darin zu Tode kamen. Wir waren selbst oft in dieses

Schutzhaus eingekehrt. Die Brandursache wurde nie ermittelt.

Mit 80 marschierte ich noch einmal hinauf zu der Hütte, die nach dem Feuer wiederaufgebaut worden war. Fast fünf Stunden brauchte ich dazu. Ich musste die Hütte noch einmal sehen. Das war mein letzter Berganstieg. Schon als Kind war ich mit meinem Vater am Hochkönig gewesen. Überall hatten imposante Gletscher gelagert. Ein herrliches, blendendes Weiß. Bei meinem letzten Aufstieg war kein einziger Eisberg mehr zu sehen. Nur Steine. Überall Steine.

Walter Hipf
*1917, Salzburg

Irma Zach

*1912, Wien

Die großen Freuden sind vorbei. Ich genieße ein gutes Essen, einen interessanten Film.

Mein Mann starb mit 66 Jahren. An seinem Todestag fragte er mich: »Soll ich das Auto nehmen?« Ich sagte ihm, es schade nicht, ein paar Schritte zu gehen. Das waren meine letzten Worte an ihn, er fiel an diesem Tag um und war tot. Nach seinem Begräbnis sagte einer meiner Freunde: »Deinem Mann widerfuhr die größte Gnade. Er empfand keine Todesangst, und du musstest keine Sekunde lang zusehen, wie er Schmerzen litt.« Ich selbst denke ungern ans Sterben. Hinlegen und nicht mehr aufzuwachen, das wünsche ich mir. Bis dahin bin ich meiner kaputten Füße wegen zum Sitzen verdammt. Himmelherrgott.

Ich arbeitete als Lehrerin, Deutsch und Geschichte. Später war ich Schulleiterin. Ich war nicht streng, aber gerecht. Auf Kafka ließen wir uns im Unterricht nie ein. Lieber las ich mit den Schülern Grillparzers *König Ottokars Glück und Ende*. Ach, die Lobrede auf Österreich! Auch Goethes *Osterspaziergang* lasen wir: »Vom Eise befreit sind Strom und Bäche/

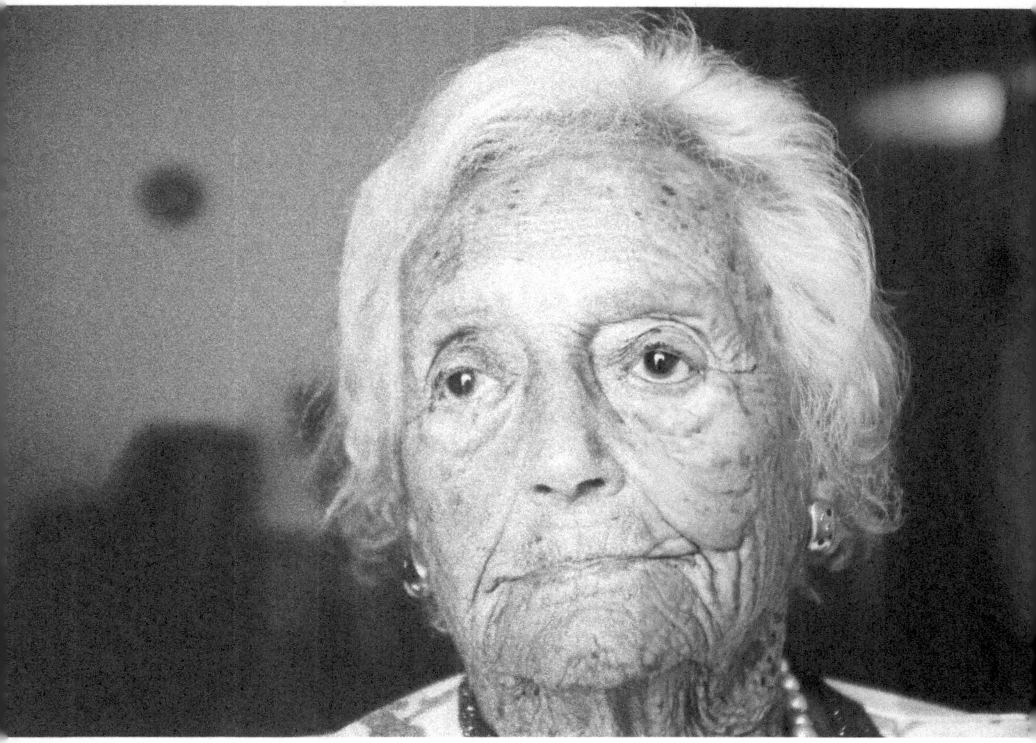

Durch des Frühlings holden, belebenden Blick,/Im Tale grünet Hoffnungsglück.« Geschichte war mein Lieblingsfach. Man konnte den Jugendlichen in dem Fach viel näherbringen. Welchen Rat soll ich den jungen Leuten heute schon geben? Was diese als schön und lustig empfinden, ist für mich schon fast unendlich weit entfernt.

Wenn ich daran denke, wie 1955 die Staatsoper wiedereröffnet wurde! Der Vater einer meiner Schülerinnen besaß in Ottakring einen Fernseher und lud Bekannte zur TV-Übertragung des *Fidelio* ein. Alle erschienen angezogen wie zu einem Theaterbesuch. Was für eine Freude, als vor dem Fernseher applaudiert wurde! Oder die Feier zum Staatsvertrag: Es war ein schöner Maitag.

Die großen Freuden sind vorbei. Ich genieße ein gutes Essen, einen interessanten Film. *Ubi bene ibi patria.* Wo es mir gut geht, da bin ich zu Hause. Mit den anderen Bewohnern im Heim spreche ich selten. Viele sind schon altersschwach. Wir haben hier im Heim auch einen weißen Kanarienvogel, mit dem führe ich lieber Gespräche.

Breezy

Toni Knoblehar

*1917, Linz, Oberösterreich

Ich machte mit meinen Fotos viele Menschen glücklich, traf viele interessante Zeitgenossen. Ich hatte die ganze Welt im Sucher.

Mein Platz war hinter der Kamera. Ich war zeitlebens Fotograf. Mich reizte es, Besonderes in den Fokus zu rücken. Auf diese Weise hielt ich mich gut über Wasser. Die Zeitungen waren früher auf uns Fotografen angewiesen: Wir lichteten die großen Ereignisse ab und boten den Medien unsere Bilder an. Kameras und Filme waren teuer, Profis gefragt. Die Konkurrenz war groß, man musste der Erste sein!

Eines meiner Lieblingsfotos glückte mir auf diese Weise. Während des Zweiten Weltkrieges waren 50 Russen aus dem Konzentrationslager Mauthausen geflohen, vor der sogenannten Mühlviertler Hasenjagd, bei der mindestens 500 geflüchtete sowjetische Kriegsgefangene von einem Großaufgebot an Militär und Zivilisten gejagt und ermordet worden waren. Von den 50 Russen kamen nur zwei mit dem Leben davon. Sie versteckten sich bei Bauern. Viele Jahre später, als die Welt wieder halbwegs zur Normalität zurückgekehrt war, besuchten die beiden Russen ihre ehemaligen Retter. Ich hatte im Vorfeld Wind von dem Treffen bekommen und bat einen Bekannten, mich zu fahren. Ich beschwor ihn, ja niemandem davon zu erzählen. Ich konnte die beiden Russen exklusiv fotografieren, noch vor dem bekannten Linzer Fotografen Harrer, dessen Werbespruch »Harrer hat's« lautete. Dieses Mal war ich schneller. Als Harrer bei dem Wiedersehen von Bauersleuten und ehemaligen Häftlingen mit seiner Kamera anrückte, rief ich ihm schon von Weitem entgegen: »Harrer hat's nicht – Knoblehar hat's!«

Ich bin in Mürzzuschlag geboren. Mit zehn bekam ich mein erstes Paar Skier zum Geburtstag. Davor donnerte ich mit Fassbrettern die Piste hinunter. Mit Stricken hatte ich mir die Latten an meine Füße gebunden. Sportveranstaltungen fotografierte ich am häufigsten, sehr oft Skifahren.

Dabei stellte sich immer die Frage, welchen Starter ich fotografieren sollte. Jeden einzelnen Rennfahrer konnte ich nicht auf der Piste festhalten: Filme waren sehr teuer, das hätte mein Budget gesprengt. Die Zeitungen gierten nach Bildern von Siegesfahrten, für langweilige Zielfotos interessierte sich niemand. Wir Fotografen mussten uns schon während des Wettbewerbs entscheiden, wer das Rennen am ehesten gewinnen wird. Einmal war ich felsenfest von einem Läufer überzeugt. Ich schoss viele Fotos, wie er schwungvoll Richtung Ziel preschte. Ein anderer war schneller und gewann. Ich bat den Sieger, nochmals für ein Foto den Hang hochzutrippeln.

Meine Frau musste meine Leidenschaft teilen. Wir hatten uns beim Skifahren kennengelernt. Ich hätte keine Frau lieben können, die nicht gern auf Skiern stand. Wir bekamen

eine Tochter. Meine Frau war Verkäuferin, sie begleitete mich oft zu Skirennen. Manchmal teilten wir uns die Arbeit. Sie fotografierte im Startbereich, ich positionierte mich auf der Strecke. So entstanden die besten Fotos. Sport prägte mein Leben. Mit 60 Jahren lernte ich am Neusiedler See noch Windsurfen.

Meine erste Kamera war eine russische *Zorki*, ein Nachbau der deutschen *Leica*. Bereits als Kind war ich vom Fotografieren gefesselt. Warum, weiß ich nicht. Soweit ich mich erinnere, hielt niemand in unserer Familie einen Fotoapparat je in Händen.

Mein Vater war Geschäftsführer einer kleinen Konsumgenossenschaft. Später wurde ein großer Lebensmittelkonzern daraus, das Gegenmodell zur Greißlerei. Vaters Arbeit kam vielen zugute. Während der Weltwirtschaftskrise entdeckte er etwa abgelaufene Lebensmittel in den Regalen, die man nicht mehr verkaufen konnte. Er teilte die Waren unter seinen Angestellten auf, auch die Familie hielt er so über Wasser.

Vaters Arbeitsplatz wurde nach Linz verlegt, seine Frau und wir drei Kinder kamen später nach. Ich war nicht traurig, dass wir von Mürzzuschlag fortgingen. Linz war eine große, aufregende Stadt! Eine vollkommen neue Welt. In Oberösterreich endete meine Schulzeit. Wer Geld hatte, ging studieren. Der Rest erlernte ein Handwerk. Ich entschied mich für die Tischlerei. Mein Gesellenstück war ein Kasten mit Lade und zwei Türen. Mit Ausbruch des Zweiten Weltkrieges wurde ich zum Militär eingezogen. Mit der Tischlerei war es über Nacht vorbei.

Als Soldat marschierte ich gegen Frankreich. Ich hatte großes Glück, dass ich zurück nach Linz geschickt wurde. Ich hätte genauso gut an der Front als namenloser Toter enden können. Ich wurde als Luftaufklärer am Boden eingesetzt. Mit Aufklärungsflugzeugen, von Offizieren gelenkt, wurden die Grenzverläufe überwacht: Wer ist Feind? Wer Freund? Auf dem Rückflug zur Basis sprachen die Piloten in den Funk, was sie erspäht hatten. Ich hatte diese Meldungen zu notieren. Die Deutschen sprachen meist nach der Schrift, deshalb fiel es mir trotz häufig abreißendem Funkverkehr nicht schwer, die Aufzeichnungen halbwegs genau zu führen.

Manchmal bekamen wir eine Flasche Schnaps als Belohnung zugeteilt. Ich gab meine Ration oft an die Kartenstelle weiter. Für den Alkohol bekam ich im Gegenzug ausrangierte Landkarten. Die meisten Landkarten sind im Maßstab 1:3 000 000 erstellt. Darauf ist nicht viel zu sehen. Bei der Luftaufklärung hatten sie sehr genaue Karten, Maßstab 1:100 000. Jede noch so kleine Ortschaft konnte man darauf ausmachen. Mir waren die Karten wichtiger als der Schnaps.

In Russland war ich während des Krieges ebenfalls eingesetzt. Englisch sprach ich fließend, in der Sowjetunion würde ich damit aber nicht weit kommen. Also lernte ich Russisch mithilfe von Lehrbüchern. Wenn ich davon überzeugt war, eine Phrase gut genug gelernt zu haben, ging ich auf die Straße und sprach Passanten an. Verstanden die Einheimischen, was ich sagen wollte, hatte ich genügend gepaukt. Schauten sie mich ungläubig an, musste ich zurück an den Schreibtisch.

Kurz nach Kriegsende machte ich mich als Fotograf selbstständig. Meine Zorki begleitete mich viele Jahre. Mein Archiv umfasste am Ende Hundertausende von Negativen, Fotos, Dias, dazu viele Kameras. Ich trennte mich von allem, verkaufte alles. Wehmut überfällt mich deswegen nicht. Warum auch? Mein Leben war von Fotografie erfüllt. Ich machte mit meinen Fotos viele Menschen glücklich, traf viele interessante Zeitgenossen. Ich hatte die ganze Welt im Sucher.

Toni Knoblehar
*1917, Linz, Oberösterreich

Stefanie Kürner

*1911, Linz, Oberösterreich

Nach meinem Tod wird irgendwas sein. Ich war mein Leben lang neugierig. Es muss weitergehen. Es ist ja immer weitergegangen.

Mein Vater war Landwirt im Mühlviertel. Im Ersten Weltkrieg diente er als Soldat. Ich kann mich an das ängstliche Warten der Mutter auf den Postler erinnern, ob er Nachricht vom Vater bringe. Vergebens.

Ich war sechs Jahre alt, als er in Italien im Giftgas blieb. Nach dem Krieg wurden die Fotos von Kaiser Franz Joseph von den Wänden gerissen. Wir waren sieben Kinder. Oft litten wir Hunger, manchmal bis zu körperlichen Krämpfen. In der Volksschule waren wir dann 90 Kinder in einer Klasse.

Einen Beruf lernte ich nicht, das war für ein Mädchen nicht möglich. Ich blieb zu Hause, übernahm Kleinkinder zur Pflege und übte mich im Kochen. Ab 1939 war ich in Linz. Ich war nicht bei der NSDAP, bin immer durchgerutscht. Ich kochte für die NS-Wohlfahrt, für das Volk, nicht für die Bonzen, oft Pferdefleisch. Viele Tiere brachen sich die Füße und wurden jung geschlachtet. Der Krieg war schlimm. Bomben-

angriffe, viele Tote. Keller voller Leichen. Ein Schreien und Jubeln, als Hitler Linz besuchte. Ich ging nicht hin, als er in der Stadt war. Mir war das unheimlich.

Ich erinnere mich gern an meine Ehe. Ich war 50, als ich heiratete. Mein Mann und ich liebten die Natur, wir wollten Schönes sehen, gingen ins Theater und in Konzerte. Er starb 1996 mit 90 Jahren. Sein Tod und das Sterben meiner Geschwister sind in meinem Leben noch immer zugegen. Mein ältester Bruder starb jung an einem Gehirntumor, der jüngste fiel im Krieg. Mein langes Leben reicht nicht aus, all das wegzustecken, man ist dem ausgeliefert, muss es verkraften. Es nützt nichts. Man muss sich einstellen auf das, was einem begegnet. Was man macht, soll man gründlich tun. Man soll nicht egoistisch sein, ein großes Herz haben. Geduld und Lernen waren mir immer wichtig.

Nach meinem Tod wird irgendwas sein. Ich war mein Leben lang neugierig. Es muss weitergehen. Es ist ja immer weitergegangen. An die Zukunft denke ich nicht. Erwachte ich morgens nicht mehr, wäre das schön. Vor dem Tod habe ich keine Angst. Ich habe ordentlich gelebt, es kann mir nichts passieren.

Herta Turnowsky

*1915, Linz, Oberösterreich

Die Straßen schmutzig, und von den Fabriken her wehte ein übler Geruch. Im ersten Jahr bekam ich unser Kind. Meine schöne, kleine Tochter. Ein so wundervolles Erlebnis, dass ich mich sogar mit Linz versöhnte!

Meine Organe lassen langsam nach, sagt mein Arzt. Mich wundert nicht, dass mein Herz müde wird. Ich bin erschöpft. Auf meinen Geburtstag freue ich mich nicht sonderlich. Das Leben in hohem Alter ist viel Mühsal und wenig Vergnügen.

Ich denke gern an meine Kindheit zurück. Ich wurde in Innsbruck geboren, in meiner schönen Heimat Tirol. Mitten im Ersten Weltkrieg kam ich auf die Welt. Kaiser Franz Joseph I. regierte die Monarchie, wie die Jahrzehnte zuvor. Die Menschen sprachen viel über ihn, meist nur Gutes. Monarchie und Kaiserfamilie waren etwas ganz Besonderes. Als der Krieg endete, brach die Monarchie zusammen. Als Schüler lernten wir, dass die Zeit des Kaisers vorbei sei und eine neue Epoche anbreche.

Mein Vater war erzherzoglicher Kammerfotograf. Er besaß ein Atelier in einer Hauptstraße von Innsbruck. Ich lernte ihn nie kennen. Ich war zwei Jahre alt, als er 1917 in einem Graben in Italien kläglich verendete. Ich kenne ihn nur von Fotos her, die über meinem Bett hängen. Für meine Mutter war sein Tod schmerzhaft. Als Witwe trug sie lange Trauerkleidung mit Schleier. Sie hat nie mehr geheiratet. Die Mutter, ganz in Schwarz gehüllt und mit bitterer Miene, geisterte durch unsere Wohnung. Sie war mir fast fremd. Wohl genauso wie meinen älteren Geschwistern. Damit wir finanziell über die Runden kamen, übernahm unsere Mutter das Fotoatelier. Sie hatte es nicht einfach, die Gute.

Nach der Volksschule besuchte ich die Handelsschule. Die Prüfungen bestand ich mit Vorzug. Ich musste mir nie Nächte mit Lernen um die Ohren schlagen. Nachdem ich ausgeschult war, begann ich in einem Versicherungsbüro zu arbeiten. 60 Kandidatinnen und Kandidaten bewarben sich für den Posten. Am Ende war ich die Glückliche. Stolz erhobenen Hauptes spazierte ich durch Innsbruck!

Im Büro lernte ich Kassabücher führen und Maschineschreiben, und im Büro begegnete ich meinem Zukünftigen. Er war als Aushilfe von Wien nach Innsbruck geschickt worden. Ein freundlicher, zuvorkommender Mensch. Wir übten den gleichen Beruf aus und waren uns sympathisch. Zuneigung auf den ersten Blick! Gemeinsam durchstanden wir schwierige Zeiten. Den Zweiten Weltkrieg mit viel Glück, denn Innsbruck wurde ab 1943 bombardiert. Viele fanden den Tod.

Nach dem Krieg heirateten wir unter dem Goldenen Dachl. Meine Schwester schenkte mir ihr Hochzeitskleid. Ein neues hätte ich mir nicht leisten können. Ich fand mein Kleid wunderschön. Wir hatten Essensmarken zusammengespart, um unseren Gästen ein Hochzeitsmahl bereiten zu können. Es war ein ausgesprochen herrlicher Tag.

Mein Mann und ich übersiedelten nach Linz. Er hatte das Angebot bekommen, in der Stadt eine Dependance der Versicherung zu leiten. Anfangs hatte ich in Linz großes Heimweh nach Innsbruck. Linz war keine schöne Stadt. Die Straßen schmutzig, und von den Fabriken her wehte ein übler Geruch. Im ersten Jahr bekam ich unser Kind. Meine schöne, kleine Tochter. Ein so wundervolles Erlebnis, dass ich mich sogar mit Linz versöhnte! Ich konnte der Stadt nicht mehr böse sein. Die ganze Welt sah anders aus, freundlich, sonniger.

Mein Heimweh verflog. Ich besuchte in Begleitung meiner Tochter, so oft es ging, meine Mutter in Innsbruck. Kehrten wir nach Oberösterreich zurück, rief mein wiedererwachter Tiroler Dialekt bei vielen Erstaunen hervor: »Du bist keine Oberösterreicherin!« Die Berge habe ich in Linz immer vermisst.

In Tirol ging ich schon als Kind gern wandern und fuhr leidenschaftlich Ski. Meine Mutter fragte oft verwundert: »Warum bist du schon so früh auf?« Im Morgengrauen stieg ich aus dem Bett, stapfte hügelan, schnallte mir die Skier an und brauste ins Tal. In der Stadt war es kalt und grau gewesen. Oben am Berg schien die Sonne. Eine Welt für sich. Wunderschön, den Wald Richtung Bergspitze zu durchwandern. Der Raureif funkelte in Abertausenden Wassertropfen.

Meine Füße wären noch tadellos, aber der Schwindel lähmt mich, mein Blick ist trüb. Das Tal könnte ich vom Gipfel aus nicht mehr erkennen. Ich hatte so gute Augen, ich machte jeden Tropfen aus. Grauschleier verdunkelt jetzt meinen Blick.

Herta Turnowsky
*1915, Linz, Oberösterreich

Margarete Zidar

*1918, Wien

Gelesen habe ich immer gern. Als Kind stibitzte ich die Zeitung und las sie unter dem Küchentisch. Bei uns war die Zeitung oft verschwunden. Die Großen wussten, dass die Grete dahintersteckte.

Könnte ich noch anpacken, ich würde es tun. Mit 14 fing ich an zu arbeiten, gleich nach der Schule. Jahrzehntelang war ich in einer großen Stickfabrik beschäftigt. Anfangs erledigten wir alles in Handarbeit, jeden Ärmel mussten wir stricken. Später kamen die Maschinen, die warfen in schnellem Takt 14 Ärmel synchron aus. Als ich in Pension ging, war ich die Chefin von 300 Mitarbeitern. Als Chefin darf man es nicht übertreiben, man soll von niemandem Unmögliches verlangen.

Ich war Tag und Nacht in der Fabrik, mir ging das in Fleisch und Blut. Ich war gern fleißig und redlich darum bemüht, es im Leben zu etwas zu bringen, sonst wäre ich nie so alt geworden. Man muss klein anfangen und darauf achten, dass aus einem was wird. Ich war leidenschaftliche Turnerin. Der Sport half mir, mich nie unterkriegen zu lassen. Ich bekenne gern, dass ich eigensinnig und manchmal stur sein kann.

Auf der ganzen Welt gab es Niederlassungen unserer Firma, in der Schweiz, England, New York. Einmal flogen

einige von uns von Wien nach Amerika, um die Kollegen zu überraschen. Wie konnten wir ahnen, dass die New Yorker Belegschaft genau zur selben Zeit nach Wien gereist war? Irgendwo über dem Atlantik verpassten wir uns. Später besuchte ich meine Schwägerin, die in Amerika lebte. Ich blieb vier Wochen und lernte dort das ganze Leben kennen. Es war so wie bei uns.

Das Schönste im Leben sind Kinder. Ohne Kinder kein Leben. Ich kann mir nicht vorstellen, dass es tatsächlich Menschen gibt, die keine Kinder wollen. Ich selbst habe zwei. Ich hätte gern mehr gehabt, es war leider nicht möglich. Geld und Zeit waren knapp. Meine Kinder sind wunderbar. Vernünftig und gescheit.

Ich selbst war ein freches Mädchen. Die Schule fiel mir leicht, die Grundschule empfand ich als verlängerten Kindergarten. Kopfrechnen konnte ich schon früh. Gelesen habe ich immer gern. Als Kind stibitzte ich die Zeitung und las sie unter dem Küchentisch. Bei uns war die Zeitung oft verschwunden. Die Großen wussten, dass die Grete dahintersteckte. Wenn ich es mir leisten könnte, würde ich viele Zeitungen kaufen. Ich hätte aber leider nicht die Zeit, sie alle zu lesen.

Meine früheste Erinnerung setzt mit dem Sterben meiner Mutter ein, der schlimmste Bruch meines Lebens. Ich wurde früh Halbwaise. Meine Mutter starb, als ich elf war. Eine Lungensache. Ich war die Älteste. Meine kleine Schwester fragte am Grab, warum ich denn weine. »Was hat die Grete?«, fragte sie. Mama war zuvor lange im Spital gelegen. Meine Schwester wusste bei Mamas Beerdigung nicht so recht, was da vor sich ging.

Unser Vater heiratete bald eine andere Frau. Meine Schwester und mich vermittelte man an Pflegeeltern. So kam ich zu zwei neuen Brüdern. Mein kleinerer Halbbruder Sepp war ein liebenswerter Mensch. Um ihn trauere ich oft. Zu meiner leiblichen Schwester verlor ich vorübergehend den Kontakt, weil sie zu einer anderen Pflegefamilie gegeben worden war. Ihre neue Familie mied mich. Mein lieber Sepp war immer da.

Vor den Bomben, die in den Kriegsjahren vom Himmel regneten, floh ich mit meinen beiden Töchtern aus Wien. Viele Frauen flüchteten mit ihren Babys und Kleinkindern in Regionen ohne Fliegeralarm, Schutzkeller und Detonationen. Wir verbrachten ein Jahr in Bayern. Nachrichten aus Wien erhielten wir in quälend langen Abständen. Mein Ehemann war an der Front. Als gelernte Schneiderin flickte ich Mäntel und nähte aus altem Gewand Röcke. Die paar Reichsmark, die ich verdiente, halfen uns über die Runden.

Mein Mann fiel auf dem Schlachtfeld. Er muss in den letzten Kriegstagen im Kampf Mann gegen Mann ums Leben gekommen sein. Er liegt auf dem Soldatenfriedhof von Allentsteig begraben. Mit unserem wenigen Hab und Gut, verstaut in einem Leiterwagen, kamen wir 1945 wieder nach Wien. Als ich vor unserem alten Haus stand, war da kein Haus mehr, es gähnte ein gigantischer Bombentrichter auf der Straße. Wir mussten die Stadt wiederaufbauen. Resignieren gab es nicht.

Über mein Alter mache ich mir keine Gedanken. Ich nehme es hin. Ganz so einfach ist es, ehrlich gesagt, dennoch nicht. Ich kann schlecht damit umgehen, dass nun andere sich um mich kümmern. Dinge für mich erledigen, Gänge übernehmen. Loslassen fällt mir schwer. Meinen Kindern sage ich oft: »Werdet ja nicht so alt wie ich!«

Jeder muss sterben. Udo Jürgens starb 2014 mit 80 Jahren. 80 ist für einen Mann ein schönes Alter. Männer werden nicht sehr alt. Mein großer Schmerz des Alters? Nicht mehr in meiner eigenen Wohnung leben zu können, allein, ohne fremde Hilfe. Die Heimhilfe, die drei Mal am Tag zu mir kam, um nach dem Rechten zu sehen, sperrte ich aus. Meine Wohnung war mein Reich.

Gern übersiedelte ich nicht ins Heim. Natürlich hatten meine Kinder damit recht. Es ist alles andere als einfach, mit so vielen Lebensjahren auf sich allein gestellt zu sein. Der Umzug ins Pflegeheim weckte alte Ängste aus dem Krieg. Was mache ich ohne Wohnung? Was ohne Geld? Milch war bei mir im Kühlschrank jederzeit vorrätig. Ich schaute darauf, dass immer Brot im Haus war. Draußen vor dem Fenster sitzen auch hier Vögel auf dem Balkon. Nähere ich mich dem Fenster, stieben sie auf und jagen davon.

Felix Pyerin

*1915, Feldkirchen, Steiermark

Mit 52 Jahren erlernte ich zum ersten Mal einen Beruf. Ich machte das Krankenpflegediplom. Lernen, das war immer der Traum des armen Bauernbuben.

Arbeit war mein Leben. Bitterarm waren wir. Meine Mutter war Saumagd auf einem Bauernhof in der Obersteiermark, das niedrigste aller Dienstmädchen. Wir schliefen auf Heu und Stroh, später in einer klammen Kammer. Zur Schule ging ich auch im Winter in kurzen Hosen. Niemand hat sich um mich gekümmert. Ich musste mit der Sense mähen und auf die Tiere aufpassen, Schafe und Kühe hüten.

Die Ziegen waren freche Luder. Man musste andauernd aufpassen, dass sie nicht die Baumtriebe abfraßen. Wenn der Bauer die Schweine nicht stechen wollte, musste ich sie schlachten. Eine Kuh, die ich einmal abstach, rappelte sich wieder auf und rannte davon. Alle sind dem Viech hinterher. Dann setzte der Bauer den Kehlschnitt.

Es war ein außerordentlich schweres Leben. Jeden Dreck musste ich machen. Arbeit, Arbeit, Arbeit. Mit 18, 19 verließ ich den Hof und ging zum damaligen Bundesheer. Dort fühlte

es sich an wie Familie. Ich schlief zum ersten Mal allein in einem Zimmer. Im Kasernenhof mussten wir paradieren. Mein Fuß wurde dabei weh. Beim Heer sah ich meinen ersten Arzt. Zu Kriegsbeginn war ich Sanitäter. Ich war oft an der Front. Finnland, Russland, Serbien, Slowenien, Kroatien. Ich verarztete Soldaten, die verletzt oder halbtot waren. Ich erinnere mich an einen Kameraden mit Lungendurchschuss, dem ich das Leben rettete. Ich dichtete die Wunden ab, damit keine falsche Luft in den Brustkorb kam. Nach dem Krieg traf ich ihn in Graz wieder. Er hat sich närrisch gefreut, am Leben zu sein.

Nach 1945 arbeitete ich als Hausdiener im Grazer Landesnervenkrankenhaus. Hausdiener, so hieß das. Ich schob Patienten zum Röntgen und half den Kranken. Zwei Jahre war ich auch in der sogenannten Blutbank beschäftigt, in der ich für sämtliche Transfusionen verantwortlich war. Eine Mörderarbeit. In jener Zeit wurden meine Haare grau.

Mit 52 erlernte ich zum ersten Mal einen Beruf. Ich machte das Krankenpflegediplom. Lernen, das war immer der Traum des armen Bauernbuben, der ich einmal gewesen war. Ich absolvierte Deutsch-, Mathematik- und Fotokurse. Hochzeiten ohne Ende fotografierte ich. 1980 ging ich in Pension.

Man wird im Leben vom Herrgott hingestellt. Und man macht. Mit Glück kommt man vorwärts, erreicht all das, woran man Freude hat. Wichtig ist das Gegenüber – gleichviel, ob das ein Familienmitglied oder ein Unbekannter auf der Straße ist. Man hilft und achtet einander, verweigert niemandem Hilfe, behandelt Fremde mit Respekt. Das gab es bei mir nie, dass ich jemanden hilflos sitzen gelassen hätte. Menschen waren mein Leben. Man hat mich deshalb auch

Felix Pyerin
*1915, Feldkirchen, Steiermark

gerne gehabt, und ich bin ein zutiefst zufriedener Mensch. Ich fühle mich nicht wie über 100. Eher wie 80 Jahre. Über 100 wäre ja das Ende. Das Ende vom Lernen, vom Weiterkommen. An das Sterben verschwende ich keinen Gedanken, dazu fehlt mir die Zeit. Man macht seine Arbeit und denkt an den kommenden Tag. Der Himmel kann warten.

Susanne Url

*1917, Übelbach, Steiermark

Als wir die Viecher auf die Alm trieben, sahen wir talwärts, wie die Russen kamen. Und die Kinder allein im Haus! So schnell mich die Beine trugen, rannte ich den Berg hinab.

Nichts bleibt, wie es war. Ich wurde in Semriach in der Steiermark geboren. Von meinen sechs Geschwistern bin ich die Jüngste. Meine Brüder und Schwestern sind längst gestorben. Ich bin die Letzte. Der Vater blieb im Krieg, als ich zwei Monate alt war. Die Mutter heiratete später noch einmal.

Unsere Kindheit war hart und schön zugleich. Die Winter hatten es vor allem in sich. Wir schliefen am Dachboden. In der Früh mussten wir die Decken vom Schnee freischütteln. Eine Dreiviertelstunde lang kämpften wir uns durch den Schnee zur Schule. An einem Tag fiel so viel Weiß vom Himmel, dass ein Mädchen aus der Nachbarschaft von einer Schneewehe eingeschneit wurde. Nur ihr Kopf schaute noch heraus. Mit bloßen Händen buddelten wir sie aus.

Ein Bauer mit großer Landwirtschaft nahm mich bei sich auf, bevor ich 18 wurde. Auf dem Hof erledigte ich jede

Arbeit, die anfiel. Tat jeden Handgriff, der mir aufgetragen wurde. Tiere füttern. Mähen mit der Handsense. Heuarbeiten und Ställe ausmisten. Die Ernte einholen. Ohne Murren. Ohne Widerrede. Anders wäre es nicht gegangen. Wir rangen den Äckern karge Erträge ab. Das erste Tageslicht fand uns schon auf den Feldern.

Ich besuchte regelmäßig meine Mutter. Kurz vor Mitternacht verließ ich meine Kammer und wanderte heimwärts, um bei Tagesanbruch zurück auf dem Gehöft des Bauern zu sein. Die Mutter war allein zurückgeblieben. Sie kam mit der anfallenden Arbeit nicht mehr zurecht, hatte gesundheitliche Sorgen. Ich half ihr nachts das Korn zu schneiden. Ein voller Mond strahlte über unseren Köpfen. Ein freies Wochenende kannten wir nicht.

Mit 16 lernte ich meinen Mann kennen. Er war 15 Jahre älter als ich. Seine Familie hatte einen Gasthof mit Landwirtschaft. 1938 heirateten wir. Er brachte ein Kind mit in die Ehe. Ich wurde schwanger. Mir war wichtig, ein Stück eigenes Land zu besitzen, um Gemüse und Obst anbauen zu können. Eine Kuh und ein Schwein kamen dazu. Als mein Mann dringend zum Arzt musste, gaben wir zur Abgeltung ein Jungtier her. Wir bezahlten häufig in Naturalien. Mein Mann musste jede Arbeit annehmen. Er hatte eine schlechte Hand. In einem Sägewerk hatte er sich einen Finger abgetrennt.

Wir lebten sparsam und hatten genügend zu essen. Der Bauer vom Nachbarshügel hatte 13 Kinder. Sobald eines davon das 14. Lebensjahr erreicht hatte, jagte er es vom Hof. Niemand nahm diese armen Kinder bei sich auf! Bei uns bekamen sie Milch und Polenta. Es herrschte eine andere Art von Zusammenhalt unter Menschen, die ohnehin wenig besaßen. Wir hatten es oft lustig miteinander, lachten viel. Wir durften nicht immer nur an die Arbeit denken!

Zu Weihnachten rief ich einmal unseren Ältesten zu mir. Ich verkleidete Freddy als Engel. In den weißen Unterröcken und dem weißen Hemd sah er wirklich wie ein Cherubim aus. Ich wollte damit den Jüngeren eine Freude machen. Die waren aber nicht auf den Kopf gefallen! Der Hans war zuvor aus dem Haus geschlichen und hatte durch das Fenster gesehen, wie Freddy in einen Engel verwandelt wurde. Der arme Freddy! Wie ihn alle auslachten! »Wie ein Mädchen!«, hänselten ihn die Geschwister.

Mein Mann legte viel Wert auf eine schöne Weihnachtstanne. Wir schmückten sie mit Papier und Süßigkeiten. Wir drehten die Tanne so lange, bis niemand mehr sehen konnte, dass nur die Vorderseite dekoriert war. Man muss sich zu helfen wissen. Manchmal darf man getrost so tun, als ob.

Die Bescherung fiel dürftig aus. Das Christkind legte nur Geschenke unter den Baum, die man dringend benötigte. Herr Maier von nebenan gab uns Süßigkeiten für die Kinder. Wir revanchierten uns mit Milch und Butter. Er war froh, dass sein Tisch gedeckt war. Ich freute mich über die Weihnachtsüberraschung für die Kinder.

Herr Maier schenkte uns auch einen Mantel. Eine befreundete Schneiderin nähte daraus einen Anzug für Hans. In der Schule war er damit von allen Kindern am schönsten gekleidet. Das war mir immer wichtig. Dabei war der Hans ein wilder Gockel. Als die Kinder in der Schule waren, stach ich mit meinem Mann einmal ein Schaf ab. Das Tier zitterte noch, als Hans unerwartet in der Tür stand. Mit großen Augen sah er dem Schaf beim Ausbluten zu. Die Buben hatten in der Schule gerauft und die Schultafel umgestoßen. Deshalb war er früher nach Hause gekommen. Eine Glasschüssel war bei dem Gerangel in Brüche gegangen. Hans war bleich im Gesicht, wirkte geknickt. Ich beruhigte ihn: »Keine Sorge, den Schaden werden wir schon irgendwie begleichen können.«

Als wir die Viecher auf die Alm trieben, sahen wir talwärts, wie die Russen kamen. Und die Kinder allein im Haus! So schnell mich die Beine trugen, rannte ich den Berg hinab. Ein Soldat band sein Pferd an die Stalltür, als ich ankam. Die Kinder schliefen noch. Es versammelten sich immer mehr Russen auf unserem Hof. Einer von ihnen machte sich auf in die Küche. »Wir haben doch nichts«, rief ich ihm hinterher. Aber er hatte den Butterstriezel aus der Speisekammer bereits in Händen. Ich flehte den Soldaten an, den Kindern etwas übrig zu lassen. Wir hatten Glück. Einer der Soldaten muss Bauer gewesen sein. Er wusste um unsere Not. Er schnitt für jeden seiner Kameraden ein Stück vom Striezel ab. »Der Rest gehört den Kindern«, ermahnte er die anderen Soldaten. Wie ich mich bei ihm bedankte!

Wir hatten einen Volksempfänger in einer Ecke stehen. Strom gab es keinen. Mein Mann sammelte technische Gerätschaften, er klapperte Floh- und Trödelmärkte ab. Den Akku für das Radio konnte er in Peggau, nördlich von Graz, aufladen lassen. Er absolvierte regelmäßig Fußmärsche von bis zu 20 Kilometern für wenige Stunden Hörfunk.

Kurz vor Kriegsende nahmen die Deutschen meinen Mann mit. Beim Bahnhof unten hatten sie ein Lager errichtet. Nach ein paar Tagen voller Ungewissheit durfte er wieder nach

Hause. Er sei, erzählte er, dort fast zu Tode gekommen. Das letzte Aufgebot bestand aus Kindern und alten Männern! Die langen Jahre des Schreckens gingen schmerzhaft langsam zu Ende.

Wenn ich nicht schlafen kann, fällt mir alles Mögliche ein. Ich wälze mich im Bett hin und her. Oft kann ich lange nicht einschlafen. Trost gibt mir ein Satz, den ich mir leise vorsage: »Susi, du hast es geschafft!«

Anna Rupar

*1915, Hitzendorf bei Graz, Steiermark

Mein Körper ist über 100 Jahre alt. Seit mehr als 100 Jahren schlägt mein Herz. Irgendwann wird es aufhören. Einmal muss auch ich aufhören.

Ich habe nichts mehr zu tun, als zu leben. Geboren wurde ich in Mürzzuschlag, wo ich bis vor zwei Jahren meinen eigenen Haushalt führte. Die vielen Stiegen in den zweiten Stock waren auf Dauer aber zu viel. Meine Mutter starb mit 77. Wir waren 15 Geschwister. Katharina, Theresia und Franziska starben im hohen Alter. Maria, die Älteste, mit 104 Jahren. Hedwig starb 1943 als junge Frau, Anna und Stefanie leben noch, Stefanie übrigens in Amerika. Meine Brüder Franz und Andreas waren Fratres, Alois, Anton und Maximilian Patres, Josef war Pfarrer. Rupert starb 1914. Er wurde nur drei Tage alt.

Mein Bruder Hans war Arzt. Er starb 1963 in Admont. Zur Zeit des Nationalsozialismus wurde er aufgrund, so stand es in der Anklageschrift, »gehässiger« Bezeichnungen der damaligen Gauleiter Fritz Sauckel und Sigfried Uiberreither als »Saukerl« und »Übelreiter« in das Konzentrationslager Dachau deportiert. Dort fand er sich mit dem späteren öster-

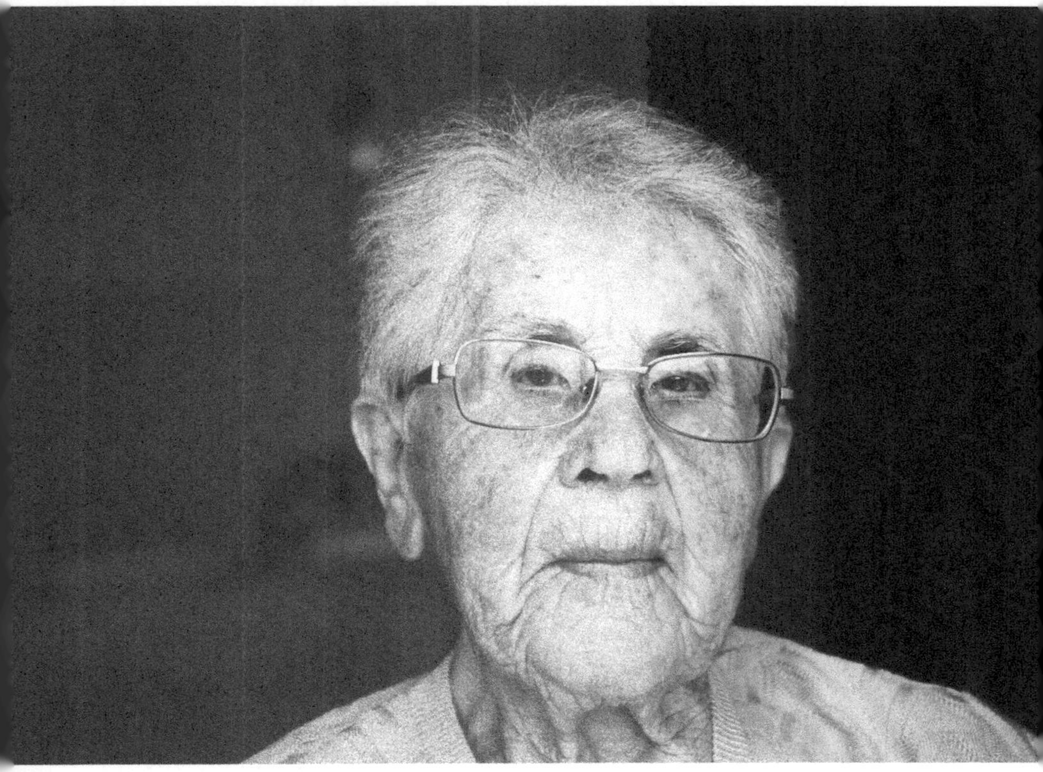

reichischen Bundeskanzler Alfons Gorbach in einer Zelle. Jenes Buch, in dem Hans heimlich Malereien seiner Mitgefangenen machte und gemeinsam mit Gorbach Schmähgedichte auf die Nazis verfasste, ist noch immer in Familienbesitz. Hans musste im Lager als Sargtischler arbeiten. Er kam durch einen glücklichen Zufall frei, weil gerade ein Arzt benötigt wurde.

Ich kam als zwölftes Kind auf die Welt. Der Vater war Krankenhausverwalter in Mürzzuschlag. Unsere Wohnung lag im ersten Stock des Krankenhauses. Wir hatten einen Gemüsegarten mit Buschen voller Weichseln und Ribiseln. Als Kinder brockten wir heimlich grüne Ribiseln, worauf wir krank wurden.

Einmal gingen wir mit dem Vater spazieren. Plötzlich wurden wir durch ein Klingeln aufgeschreckt. Ein Fahrrad! Mein Vater rief: »Das werden wir gesehen haben, für wen der Weg ist. Für uns oder für diese Radfahrer!« Keinen Millimeter wich er, der Radler musste absteigen. Vater wusste viel über die Natur. Merkten wir Kinder uns die Namen der Pflanzen und Tiere, bekamen wir eine halbe Semmel als Belohnung. Mein Vater hatte seine Eltern noch gesiezt. Wir mussten das nicht mehr tun, hatten aber große Ehrfurcht vor den Eltern.

Vor Ausbruch des Zweiten Weltkrieges arbeitete ich als Kindermädchen in Slowenien, im Schloss Turjak. Ich übersiedelte nach Ravna Reka, Südserbien, zu meinem Bruder Maximilian. Dort wurden wir nach dem Einmarsch der Deutschen wegen unserer Muttersprache verfolgt. Maximilian wurde in einen Hinterhalt gelockt und von Partisanen ermordet. Ich konnte auf einem Pferdefuhrwerk flüchten. Mit der Eisenbahn kehrte ich aus dem von Deutschen besetzen Gebiet um Cuprija nach Slowenien zurück. Mein Geburtstag ist der 8. Mai. Das Kriegs-

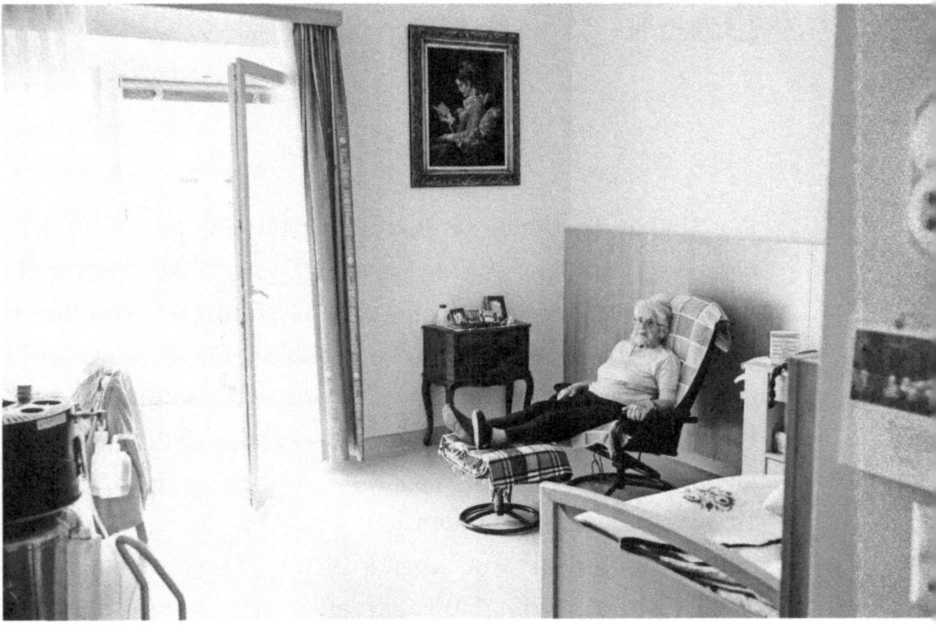

ende 1945 war für mich also ein doppelter Feiertag. Ab Dezember 1951 absolvierte ich Krankenpflegekurse, arbeitete als Kindererzieherin und im Krankenhaus. 1976 ging ich in Pension.

Ich habe viel gearbeitet, bin gern bei Kindern und Kranken gewesen. Mein Leben gilt dem Glauben, meiner Familie, der Liebe zu meinen Eltern, meinen Großnichten und Großneffen. Man ist nicht umsonst auf der Welt. Das darf man nie vergessen. Die Mutter sagte immer: »Wenn du in das Leben hinausgehst, bist du nicht allein.« Ich glaube auch fest daran, dass ohne Herrgott nichts geht. Lebt ein Mensch richtig, darf er schön sterben. Ich fürchte nur, man trennt sich schwer von lieben Menschen. Mein Körper ist über 100 Jahre alt. Seit mehr als 100 Jahren schlägt mein Herz. Irgendwann wird es aufhören. Einmal muss auch ich aufhören.

Dank

Für Auskünfte, Hinweise, ihre Unterstützung und Hilfe danken wir herzlich: Anita Freismuth-Jauschneg, Katharina Trinkl, Simone Pschill-Kürner, Angela Wilfing, Christa Bramböck, Michaela Kober, Mona Cermak-Dan, Ilse Hillerer, Wolfgang Zorn, Marina Dominik, Martina Dömötör, Mathilda Pranjkovic, Andrea Frauscher, Alessandra Illoldi Dávalos, Silvia Csillag, Martina Lasnik, Christine Haiden, Sigrun Tergusek, Christine Lindenthal, Anneliese Forster, Susanne Reiter, Klaus Feurstein, Regine Pichler, Stefan Schauhuber, Kurt Fischer, Sabina Dirnberger, Maria Knapp, Brigitte Schögler, Renate Magerl, Nicole Fürndörfler, Anna Berlinger, Alexandra Muchitsch, Julia Strack, Martin Gantner, Christian Rainer, Ingrid Nagl-Schramm, Doris Priesching, Edwin Baumgartner, Petra Paterno sowie dem gesamten Team der Caritas Socialis.

Dokumentation der Interviews

Maria Brunner, 17. November 2017, Bad Vöslau
Hilda Gamper, 31. Oktober 2017, Lustenau
Georg Graner, 7. Juni 2017, Wien
Walter Hipf, 13. Oktober 2017, Salzburg
Konrad Hofer, 12. Oktober 2017, Wien
Toni Knoblehar, 20. April 2018, Linz
Barbara Kolland, 12. Mai 2018, Raaba
Stefanie Kürner, 19. Mai 2017, Linz
Alfred Nagl, 25. April 2018, Weiden am See
Dorothea Neurauter, 10. August 2017, Bregenz
Maria Nopp (Schwester Maria), 29. März 2018, Klagenfurt
Felix Pyerin, 30. Mai 2017, Feldkirchen bei Graz
Anna Radl, 18. Mai 2017, Wien
Anneliese Rinke, 22. August 2017, Dornbirn
Anna Rupar, 30. Mai 2017, Hitzendorf
Hannes Schiel, 23. Mai 2017, Wien
Anna Strecker, 6. Juni 2017, Bad Vöslau
Herta Turnowsky, 20. April 2018, Linz
Susanne Url, 8. November 2017, Übelbach
Franz Wallner, 17. November 2017, Gloggnitz
Erika Wessetzky, 15. Mai 2017, Wien
Gertraud Wozelka, 6. Juni 2017, Wien
Irma Zach, 29. Mai 2017, Wien
Barbara Zechner, 7. Jänner 2018, Vasoldsberg
Margarete Zidar, 21. Februar 2018, Wien

Namenregister

Epilog

Anna Strecker
2. November 1914 – 10. September 2017

Hannes Schiel
31. Mai 1914 – 2. Dezember 2017

Felix Pyerin
19. November 1915 – 25. Dezember 2017

Hilda Gamper
24. August 1914 – 2. Jänner 2018

Anneliese Rinke
13. August 1917 – 2. Jänner 2018

Konrad Hofer
13. April 1917 – 3. April 2018